KB163861

청소년들의 진로와 직업 탐색을 위한
잡프러포즈 시리즈 63

필드 밖의 플레이어 **축구
에이전트**

청소년들의 진로와 직업 탐색을 위한 잡프러포즈 시리즈 63

필드 밖의 플레이어

축구
에이전트

전용준 · 추연구 지음

FOOTBALL
AGENT

TALK SHOW

"
인간의 도덕과 의무에 대해
내가 알고 있는 것은 모두 축구에서 배웠다.
"

- 알베르 카뮈 Albert Camus

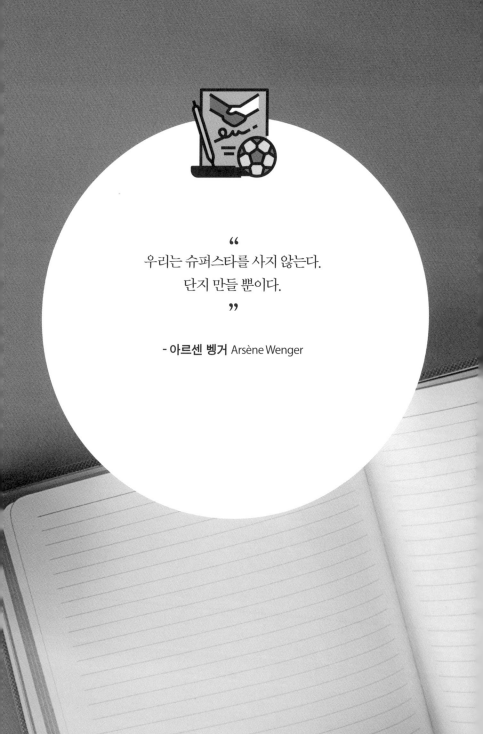

> "
> 우리는 슈퍼스타를 사지 않는다.
> 단지 만들 뿐이다.
> "

- 아르센 벵거 Arsène Wenger

C·O·N·T·E·N·T·S

C·O·N·T·E·N·T·S

FOOTBALL AGENT

축 구 에 이 전 트

전용준·추연구의
프러포즈

안녕하세요, 청소년 여러분!

축구 에이전트 전용준 · 추연구입니다.

지구상에서 가장 많은 사람들의 사랑을 받는 스포츠는 무엇일까요? 바로 축구입니다. 축구 에이전트는 사람들이 열광하는 축구와 관련된 일을 할 수 있다는 점에서 아주 매력적인 직업이죠. 잠재력 있는 축구 선수를 발굴하기 위해 세계의 많은 국가와 도시를 여행하며 다양한 경험을 쌓을 수 있다는 것도 빼놓을 수 없는 장점이고요.

이 책을 프러포즈하는 저희 두 사람은 스포츠 신문 기자가 되어 축구 분야를 담당하면서 축구와 인연을 맺었습니다. 2000년 올림픽 대표팀 취재를 하면서 나중에 2002 월드컵 대표팀이 된 어린 선수들을 만났죠. 기자로서 그 선수들이 성장하는 과정을 가장 가까이서 지켜볼 수 있는 뿌듯한 일이었어요. 그리고 나중에 축구 에이전트가 되어 대한민국 축구 선수가 세계로 뻗어나가는 순간을 함께 할 수 있어서 행복했죠. 만약 기자의 역할로만 선수들을 만났다면 선수들의 성공을 축하하는 데 그쳤을 거예요. 그런데 선수들의 에이전트로서 고난의 순간을 함께 헤치고 영광의 순간을 맞았을 때는 그 무엇과 비교할 수 없을 만큼 성취감이 뒤따르더군요.

축구 에이전트는 이렇게 국내 선수들을 대리하는 역할도 하지만 외국에서 유망한 선수를 발굴해 국내 구단으로 이적시키고 성장시켜 다른 나라로 진출하는 역할도 합니다. 그러기 위해서 전 세계를 돌아다니고 있죠. 저희가 에이전트가 된 후 70~80개국에 이르는 나라를 돌아다녔고, 200개 이상의 도시를 방문했어요. 물론 일반인들이 휴가로 여행을 가듯 유명한 관광지 위주의 여행은 아니었죠. 일정이 촉박해서 공항과 호텔 그리고 축구 경기장 정도만을 방문한 도시도 수없이 많아요. 고속도로 위를 10시간 넘게 달려가야 하는 출장지도 많았고, 40시간 이상 비행기를 타고 날아가서 단 한 경기만을 보고 다시 40시간을 이동해야 하는 경우도 있었죠. 그런 수고로움이 우리를 힘들게 하지 않은 건 아니에요.

이 일이 즐겁지 않거나, 내가 맡은 선수나 구단의 일에 대한 막중한 책임감이 없다면 견디는 게 쉽지 않을 거예요. 그런데 생각해보면 이런 어려움을 이겨낼 수 있는 힘 또한 이 일 안에 있다는 걸 알게 돼요. 에이전트는 선수와 동행하는 존재예요. 잠재력 있는 선수를 발굴해 선수의 커리어를 만들어 나가고, 선수의 전성기를 맘껏 축하해주고, 나아가 선수가 커리어를 성공적으로 마무리하고 선수 생활을 은퇴할 수 있도록 길을 열어주는 것까지 하고 나면 에이전트의 역할은 막을 내리죠. 이때 에이전트와 고객의 관계는 끝나지만 사람은 남아요. 이 또한 이 일의 큰 매력이죠.

여러분은 어떤 점 때문에 스포츠를 좋아하나요? 저희가 답해 볼까요? 스포츠는 거짓말을 하지 않아요. 선수는 자신의 실력을 연기할 수 없고, 승패를 꾸며내는 일은 더더욱 불가능하죠. 그건 스포츠가 그만큼 진실의 영역에 있다는 것이고 순수하다는 뜻이겠죠. 만약 여러분 중에 스포츠에 열정을 가지고 있으면서 다양한 문화와 환경, 그리고 사람들에 대해 관심이 큰 청소년이 있다면 도전해 볼 만한 직업으로 축구 에이전트를 추천해요. 스포츠의 순수성을 사랑하는 사람이라면 이 보다 큰 보람을 느끼는 일을 찾기는 힘들다고 감히 단언할 수 있어요. 그리고 스포츠 가운데서도 가장 세계적인 기반을 가지고 있는 축구라는 종목과 관련된 일을 할 수 있다는 건 덤이랍니다.

여러분의 열정이 축구와 함께 하기를 기원합니다!

FOOTBALL AGENT

첫인사

Ⓟ 안녕하세요? 잡프러포즈 시리즈에 함께해 주셔서 감사합니다. 두 분 소개를 부탁드립니다.

Ⓙ 안녕하세요. C2글로벌 공동 대표 전용준입니다. 저는 대학을 졸업하고 〈스포츠조선〉 축구기자로 시작해서 2000년에 〈스포츠투데이〉로 자리를 옮겨서 축구기자로 일했어요. 2002년 월드컵이 끝난 이후에 2003년부터 야구 기자를 한 3년 했어요. 그리고 신문사를 그만두고 경기도청 공보관실에 있다가 에이전시 회사에 입사해서

에이전트가 되었죠. 2006년부터 에이전시 회사에서 근무하고 2010년에 추 대표와 함께 회사를 공동으로 설립했습니다.

Ⓒ 안녕하세요. C2글로벌 공동대표 추연구입니다. 저는 1999년도부터 2006년까지 〈스포츠조선〉에서 축구 담당 기자로 있었고, 2003년부터 2004년까지 축구 전문 유럽 특파원으로 근무했어요. 저는 2007년도에 FIFA 에이전트 자격시험을 통과해서 현재까지 선수 에이전트로 활동하고 있습니다.

㉠ 2010년에 회사를 설립하셨으니까 벌써 13년이 넘었어요. 두 분은 기자였는데 어떻게 진로를 바꿔 축구 에이전트가 되셨나요?

㉡ 우리나라 스포츠 신문은 2002 월드컵을 전후해서 활황기를 맞았어요. 대중에게 인기가 많았죠. 그런데 월드컵이 끝나고 얼마 지나지 않아 내리막길로 들어섰어요. 이때 저희는 스포츠 신문의 미래가 밝지 않다는 판단하에 자연스럽게 축구 에이전트라는 직업으로 전환하게 됐어요.

㉢ 전 대표와 저는 축구 선수들과 친분이 두터웠어요. 그런 배경도 있는 데다 영어로 의사소통이 가능했고 유럽 구단과 접촉해 본 경험이 있었죠. 이런 여러 가지 상황이 저희를 이 직업으로 자연스럽게 이끌었던 것 같아요.

㉠ 두 분의 첫 고객은 누구였나요?

㉡ 김남일 선수였어요. 그리고 차두리 선수와 계약을 맺었고, 곧이어 기성용 선수와 지동원 선수가 고객이 되었죠. 김남일 선수와 차두리 선수는 모두 은퇴해서 지금도 형 동생 하는 사이로 지내고 있어요. 기성용 선수와 지동원 선수는 우리 회사의 든든한 버팀목이 되고 있고요. 이 네 선수가 저희 회사 창립 멤버라고 할 수 있겠네요.

ⓟ 현재 회사에 소속된 축구 선수는 몇 명이나 되나요?

ⓒ 얼마 전까지 30명이 좀 넘었는데 최근에 청소년 선수들과 계약하면서 40명 정도 되었네요. 저희는 내부적으로 아들이 40명 있다고 말해요. 혈기 왕성한 청년들이라 좌충우돌하는 아들들 같아요.^^

ⓟ 어떤 계기로 청소년을 위한 잡프러포즈 시리즈의 출판 제안을 수락해주셨나요?

ⓙ 중고등학생들이 저한테 이메일을 보내서 어떻게 하면 축구 에이전트가 될 수 있냐고 많이 물어봤어요. 처음에는 학생들에게 어떻게 하면 될 수 있다, 무엇을 어떻게 준비하면 좋을 거라고 답변도 많이 해줬어요. 그런데 할 일이 많고 바빠지니까 하나하나 답변할 수가 없더라고요. 또 지인들 중에도 자녀들이나 친척들이 많이 물어본다면서 되는 방법을 알려달라는 문의도 많이 받았어요. 주변에서 이렇게 이 직업에 관심 있는 학생들이 많은 걸 보고 이 기회에 책을 내서 에이전트가 되는 방법이나 하는 일을 알려줘야겠다고 생각했죠.

ⓒ 저는 국민대학교 스포츠마케팅 대학원에서 강의를 했는데요. 학생들이 에이전트에 관심이 굉장히 많아요. 그런데 이 직업을 가지려면 무엇을 어떻게 준비해야 할지 모르겠다는 질

문을 정말 많이 받아요. 이 직업과 관련한 책도 없어서 정보를 찾기도 어렵다고 하더군요. 그래서 이번 기회에 에이전트에 관심이 있는 청소년들과 청년들에게 이 직업에 대한 궁금증을 풀어줘야겠다고 생각했죠.

🔵편 청소년들에게 축구 에이전트가 하는 일을 간단하게 소개해주세요.

🔵전 보통 축구 에이전트라고 하면 선수의 대리인으로 이적 관련 업무나 연봉 협상을 하는 사람을 말해요. 이 일은 세계의 모든 축구 에이전트의 공통된 업무이고요. 우리나라 축구 에이전트는 이 일을 포함해 선수의 매니지먼트 역할도 해요. 선수가 경기에만 집중할 수 있도록 환경을 만들어 주고 심리적 문제도 최대한 덜어주기 위해 노력하고요. 그러다 보니 고객과 에이전트라는 차가운 관계가 아니라 형 동생하는 밀착된 관계를 이룰 때가 많죠.

🔵추 축구 에이전트는 선수의 커리어를 관리하는 사람이기도 해요. 맡은 선수의 병역 문제나 구단 내 문제를 정확히 파악해 선수에게 적절한 환경을 만들어 주기 위해 최선을 다하죠. 또 세무 문제나 법률적인 문제 등이 생겼을 때 그 영역의 전문가를 찾아 연결해 주는 역할도 하고요. 이렇게 선수의 대리인이

면서 선수를 관리하는 사람이 축구 에이전트랍니다.

ⓟ 아들 40명을 기르는 아버지 같다는 말씀을 들으니 축구 에이전트의 역할이 무엇인지 알 것 같네요. 그럼 이제 여태까지 알려진 것이 많지 않아서 잘 몰랐던 축구 에이전트의 세계로 들어가 볼까요? 지금부터 잡프러포즈 시리즈 『필드 밖의 플레이어 축구 에이전트』편을 시작하겠습니다.

축구 에이전트란

축구 에이전트는 누구인가요

(편) 축구 에이전트는 누구인가요?

(추) 일반적인 의미의 에이전트 ^{Agent}는 다른 사람을 대신하여 업무를 하거나 교섭을 대행할 수 있는 권한이 부여된 사람을 말해요. 스포츠 분야에서 에이전트라고 하면 선수를 대신해서 업무를 처리해 주는 법정 대리인의 역할을 하는 사람으로 선수의 연봉 협상, 다른 구단으로의 이적, 용품업체나 광고주와의 계약 등의 일을 하는 사람을 말하죠. 이들을 통틀어 스포츠 에이전트라고 부르는데요. 축구, 야구, 배구, 농구 등 프로리그가 있는 종목은 모두 에이전트가 활동하고 있다고 보면 돼요.

(편) 축구 에이전트 라이선스는 어디서 취득할 수 있나요?

(전) FIFA ^{Federation Internationale de Football Association, 국제축구연맹}에서만 취득할 수 있어요. 그래서 축구 에이전트를 FIFA 에이전트라고도 불러요. FIFA가 공식 인정하는 각국 선수와 클럽을 대리하여 그들의 이익을 보호하는 공인된 자격자라는 의미죠.

FIFA에서는 두 가지 라이선스를 공인하는데요. 하나는 선수 에이전트 ^{Player's Agent}이고, 다른 하나는 매치 에이전트 ^{Match}

Agent 예요. 둘 중 하나 혹은 모두를 소유한 사람을 축구 에이전트라고 하죠. 이 가운데 선수 에이전트가 흔히 우리가 말하는 축구 에이전트로 대다수를 차지해요. 선수 에이전트는 선수의 이적 관련 업무, 연봉 협상, 광고 및 스폰서 계약 등을 선수를 대리하여 처리하는 일을 해요. 선수가 축구 경기와 훈련 등 본업에 몰두할 수 있도록 나머지 업무를 대신하여 처리하는 역할을 맡는다고 볼 수 있죠.

이와 달리 매치 에이전트는 각국 대표팀이나 클럽팀이 치르는 친선전, 평가전, 이벤트성 국제대회를 주관해서 진행하는 역할을 맡아요. 주로 각국 축구협회와 일을 진행하고 있다고 보면 맞아요. 우리나라에서 축구 국가대표팀의 국내 평가전이 벌어지려면 상대국 대표팀을 초청해야 하고, 그들이 한국에 도착해서 묵을 호텔과 이동할 수단, 그리고 경기 전까지 선수들이 훈련할 수 있는 공간이 필요하겠죠. 매치 에이전트는 이와 같은 일을 각국 축구협회를 대신해서 진행하고 이에 대한 수수료를 받는 업무를 하는 거예요. 매치 에이전트는 각 나라에 몇 명씩만 있는 것으로 알고 있어요.

축구 에이전트 라이선스는 왜 만들어진 건가요

(편) 축구 에이전트 라이선스는 왜 만들어진 건가요?

(추) 축구 분야에서 에이전트가 본격적으로 활동하기 시작한 때는 1990년대 초였어요. 이때 축구 선수들이 나라와 대륙을 넘나드는 국제적인 이동이 본격화되었죠. 선수들이 다른 나라로 이적하면서 여러 계약상의 문제가 생기고 매니저와 선수, 구단 간에 법적 소송이 벌어지는 일들이 많았어요. 이런 폐단이 생기자 1995년에 FIFA는 선수와 클럽을 대리해 선수 이적을 돕는 에이전트 공인제도를 만들었어요. FIFA가 공식적으로 인정한 에이전트를 통해서만 구단이 선수를 공급할 수 있도록 한 거죠. 만약 구단이 공인된 에이전트가 아닌 사람을 통해 선수 이적을 할 경우 FIFA는 구단에 벌금이나 경기 정지 등의 중징계를 취할 수 있는 규정도 만들었어요.

(편) 라이선스는 어떻게 취득할 수 있나요?

(전) 몇 번의 변화가 있었는데요. 처음에는 각국 축구협회가 추천한 사람을 FIFA가 승인하는 형식으로 축구 에이전트 라이선스를 받을 수 있었어요. 이게 2001년까지였어요. 각국 축구

협회의 추천을 받아야 했으므로 그 수는 매우 제한적이었죠. 대중에게도 축구 에이전트라는 직업 자체가 널리 알려져 있지 않았고요. 그 시기에 우리나라에서 FIFA로부터 라이선스를 받고 활동한 축구 에이전트는 선수 에이전트와 매치 에이전트를 통틀어 10명 이내에 불과했어요.

1990년대 말부터 축구 분야에서 국제간 이적 시장이 급속하게 팽창함에 따라 선수 에이전트의 수요가 급증했어요. 그러자 FIFA는 2001년 선수 에이전트의 수요를 충족하기 위해 관련한 법규를 개정해요. 이전까지 FIFA가 승인하는 사람에게만 주어지던 라이선스를 FIFA가 주관하는 시험을 통과하고 각국의 보험사가 제공하는 직업보험에 가입한 사람에게 허용한다는 내용이었죠. 시험은 영어로 치러졌고요. 이 시기의 에이전트 라이선스는 FIFA가 아니라 각국 축구협회가 관리하도록 했는데요. 이는 FIFA가 200개국에 달하는 회원국에서 시험을 통과한 사람 모두를 관리하는데 한계가 있다고 판단했기 때문이에요.

㉠ 시험을 통해 라이선스를 취득할 수 있게 되면 선수 에이전트가 될 수 있는 길이 넓어진 거네요? 국내에도 에이전트의 수가 늘었겠어요.

ⓔ 네, 맞아요. 국내에서도 FIFA의 제도변화와 함께 에이전트의 숫자가 서서히 늘어나기 시작했어요. 특히 2005년도에는 FIFA가 영어가 아닌 각국의 언어로 시험을 출제해서 국내에서만 40여 명에 달하는 합격자가 나오기도 했죠. 이렇게 에이전트 인원이 갑자기 증가하자 FIFA는 관리에 문제가 있다고 판단해요. 이후부터 다시 영어로만 에이전트 시험을 출제했고, 난이도 역시 대폭 상향 조정하여 합격자 수 조절에 나섰어요. 이런 방식은 2015년까지 이어집니다. 그 십 년 동안 국내에서 에이전트 시험을 통과해서 라이선스를 취득한 인원은 매년 1~5명 정도로 매우 적었죠.

2015년 FIFA는 다시 한번 에이전트 제도를 변경하기로 해요. 기존의 시험제도를 없애고 각국 축구협회가 신청자를 심사하여 자격을 주는 중개인 제도Intermediary를 도입하기로 한 거죠. 라이선스를 얻기 위한 시험의 난이도가 매우 높다는 불만이 꾸준히 제기되고 있었기 때문이에요. 축구계에 에이전트로서 종사하고 싶은 수요는 많았지만 FIFA 주관 시험이 또 하나의 진입장벽으로 작용하고 있다는 비판이었죠.

ⓔ 중개인 제도로 바뀌고 어떤 변화가 있었나요?
ⓐ 중개인 제도로 전환하자 또 다른 병폐가 생겼어요. FIFA

에서는 성 관련 범죄 이력 혹은 금고형 이상의 신체형이나 사기 등 경제 관련 전과자를 제외하고 모든 신청자에게 중개인 자격을 부여할 수 있다는 규정을 만들었죠. 그래서 각국 축구협회는 대부분 FIFA의 지침에 따라 신청자들에게 중개인 자격을 주었어요. 문제는 축구와 관련된 어떤 전문적 능력이 없어도 각국 축구협회가 정한 소정의 등록비와 필요한 서류 제출만 하면 모두 축구 중개인이 될 수 있었다는 거예요. 이렇게 되자 곧 중개인 숫자가 폭증하게 되었어요. 축구계에는 거대 시장이라 할 수 있는 소위 빅리그라는 게 있어요. 잉글랜드

프리미어리그, 스페인 라 리가, 독일 분데스리가 등인데 이 나라들에서 중개인이 폭증하는 현상이 더욱 심하게 나타났어요. 특히 잉글랜드 축구협회에 등록된 중개인 숫자는 2022년 기준 5만 명 수준까지 다다랐죠. 농담 반 진담 반으로 옆집 아저씨도, 건넛집 이웃도 축구 중개인인 시대가 된 거예요.

중개인이 폭증하자 전문성 없는 중개업무로 인해 불필요한 비용이 급등하는 현상이 나타났어요. 그리고 이적 관련 사기 사고도 많이 발생했죠. 실제로 유럽의 한 구단은 계약하기로 한 선수가 도착하여 등록까지 마치고 경기에 출전시켰는데, 선수의 기량이 생각했던 것보다 너무 못 미쳐서 다시 한번 자세히 조사해봤어요. 그랬더니 원래 스카우트하려 선수가 아니라 중개인과 선수가 짜고 신분을 속여 취업했다는 사실을 발견하기도 했죠. 정말 해외토픽감으로 치부할 수 있는 에피소드지만 그만큼 중개인 제도의 허점을 보여주는 사례로 볼 수 있어요.

편 중개인 제도의 문제점이 드러났는데 FIFA는 어떤 대책을 세웠을까요?

전 사태가 이 지경에 이르자 FIFA는 2022년 10월 FIFA 에이전트 라이선스 부활을 공시했어요. 2015년까지 FIFA가 인정한 에이전트 라이선스를 보유하고 이후 중개인으로서도 꾸준히 활동한 이들은 라이선스 자격을 그대로 인정하고, 그 이외의 모든 사람은 매년 FIFA가 인터넷을 통해 두 차례 시행하는 시험을 통과해야만 축구 에이전트로 활동할 수 있게 한 것이죠. 이 제도는 2023년 9월 30일을 기준으로 시행될 예정이에요. 2023년 1월부터 9월30일까지는 경과규정으로 기존 중개인 자격증으로 중개인 업무를 할 수 있으나 이후부터는 FIFA 에이전트 라이선스 보유자 이외의 계약 중개업무는 일체 받아들여지지 않게 될 거예요.

세계적으로 유명한 에이전트는 누구인가요

편 유명한 에이전트는 누구인가요?

전 가장 유명한 에이전트는 최근 사우디에 진출하기 직전까지 호날두의 에이전트였던 포르투갈 출신 조르제 멘데스^{Jorge Mendes}일 거예요. 에이전시 GestiFute의 창립자로 크리스티아누 호날두, 하메스 로드리게스, 앙헬 디마리아, 라다멜 팔카오 등 세계적인 축구 선수들을 보유하고 있으며 주제 무리뉴, 루이스 펠리페 스콜라리 등 유명 감독들도 소속되어 있는 세계적인 에이전시의 수장이죠. 최근에 호날두가 사우디로 이적하며 멘데스와의 에이전트 계약을 끝내 세간에 큰 화제가 되기도 했죠. 20년 넘게 동행해온 두 사람의 관계는 축구계에서 친형제 이상으로 여겨졌지만 결국은 새드엔딩으로 마무리, 동종업계 사람들에게 씁쓸함을 안겼어요.

2022년 심장질환으로 사망한 미노 라이올라^{Carmine Mino Raiola}도 있어요. 이탈리아와 네덜란드 이중 국적의 소유자인 라이올라는 멘데스에 버금가는 국제적 에이전트였어요. 즐라탄 이브라히모비치, 마리오 발로텔리, 헨리크 미키타리안, 폴 포그바, 막스웰, 엘링 홀란 등 수많은 스타를 클라이언트로 가지고 있었어요. 이 밖에도 축구 시장이 산업화되어 있는 잉글랜드나 브라질에 다수의 에이전트가 세계 축구계의 큰손으로 활동하고 있죠. 이들의 에어전트 수수료 규모는 천문학적인 수준으로 빅딜이 발생할 때마다 그 이름이 종종 언론에 회자되곤 해요. 예를 들어 2022년 도르트문트에서 맨시티로 이적한 엘링 홀란의 수수료는 4,000만 유로로 추정되는데요. 한화로 약 570억이 넘는 돈으로 한국 K2리그 전 구단의 한 해 예산을 모두 합친 금액보다 큰 액수랍니다.

축구 에이전트의 대표적인 업무는 무엇인가요

(편) 축구 에이전트의 대표적인 업무는 무엇인가요?

(추) 선수 이적 관련 업무와 연봉 협상이죠. 먼저 선수 이적에 관해 이야기할게요. 선수가 이적하는 경우는 두 가지예요. 선수가 구단과의 계약이 끝나지 않은 중간에 이뤄지는 이적과, 고용계약이 끝난 후 자유계약 선수 신분으로 이뤄지는 이적이죠. 고용계약 기간 중 이뤄지는 이적 역시 두 가지로 나뉘어요. 선수에 대한 구단의 소유권이 완전히 다른 구단으로 넘어가는 완전 이적 계약과 양도 구단(선수의 현 소속 구단)과 양수 구단(선수가 이적하는 구단)간에 정해진 기간 동안 임대 형식으로 이적하는 임대 이적 계약이 있어요.

자유계약 선수가 이적할 때 선수 에이전트는 이적하는 구단과 연봉 협상만 하면 돼요. 이 경우는 이적료 문제가 없기 때문에 복잡한 문제는 없어요. 선수 이적이 이슈가 되는 경우는 선수와 기존 소속 구단의 고용계약 중에 다른 구단으로 이적할 때예요. 이 경우에는 선수의 가치에 따라 양수 구단이 양도 구단에게 이적료라는 것을 지불해요. 이적료는 사실 민법에서 규정한 계약위반에 대한 보상금 compensation이라는 개념이에

▍2018년 뉴캐슬
유나이티드 입단
계약에 서명한
기성용 선수

요. FIFA의 규정에도 이적료^{Transfer fee}라는 용어는 쓰이지 않고, 오로지 보상금이라는 용어로 통일되어 있죠. 선수가 구단과의 계약기간을 지키지 않으면 계약위반이 되고, 계약을 위반한 선수는 그 대가로 위약금을 내야 하는 거예요. 이 위약금은 선수 본인도 양도 구단에 지불할 수 있어요. 만약에 선수 본인이 이적하고 싶다면 스스로 위약금을 지불하고 다른 구단으로 이적해도 된다는 의미죠. 그러나 그런 일은 거의 없어요. 대체로 이 위약금은 이적료라는 명칭으로 양수 구단이 양도 구단에 지불하죠.

⑲ 선수가 이적할 때 에이전트는 어떤 역할을 하나요?
㉙ 선수 한 명이 이적할 때 계약 당사자는 셋이에요. 선수와 양도 구단, 그리고 양수 구단이죠. 이 과정에서 에이전트는 구단 측 대리인이 되거나 선수 측 대리인이 되어 계약에 임할 수 있어요. 구단 측을 대리하는 에이전트라면 양수 구단이나 양도 구단의 대리인으로서 양 구단 간에 이뤄지는 이적료 협상을 대리해서 진행하는 거예요. 양수 구단의 입장에 선 에이전트라면 최대한 낮은 이적료를 지불할 수 있도록 할 거고, 양도 구단의 입장이라면 최대한 높은 금액에 선수에 대한 권리를 판매할 수 있도록 협상에 임하는 거죠.

선수 측의 에이전트는 선수가 다른 구단으로 이적했을 시 맺게 되는 고용계약의 조건을 협상하는 거예요. 계약기간은 얼마로 할 것이며, 계약기간 동안 받게 되는 연봉과 보너스의 액수를 정하죠. 그리고 부대 조항 등에 대한 협상을 하는데요. 예를 들어 외국으로 이적했을 시 이동에 따르는 항공권을 구단에서 몇 장이나 지급할 것인가, 현지에서 사용하게 될 주택과 차량에 대한 비용은 어떻게 할 것인가 등도 협상의 대상이에요.

에이전트는 선수만 대리할 수 있나요

 에이전트는 선수만 대리할 수 있나요?

 선수를 대리할 수도 있고 구단을 대리할 수도 있어요. 에이전트의 고객은 선수도 있지만 구단을 대리해 선수를 발굴하는 일도 하니까요. 예전에는 선수가 이적할 때 에이전트는 선수와 양도 구단, 양수 구단 중에서 당사자 한쪽 편만 대리할 수 있었어요. FIFA의 규정에 선수와 구단을 동시에 대리하는 이중 대리를 금지한다는 조항이 있었거든요. 그런데 현재는 이적 협상과 관련된 당사자인 양수 구단, 양도 구단, 그리고 선수가 모두 서면으로 동의할 경우 당사자들을 이중으로 대리하는 것을 허락하고 있어요. 일반적으로 선수와 양도 구단을 동시에 대리하는 경우가 많아요. 예를 들어 A선수가 FC 서울에서 수원삼성으로 이적한다고 해봐요. 에이전트는 A선수와 양도 구단인 FC 서울을 모두 대리하여 수원삼성과 이적료 협상을 진행하고, 타결되었을 경우 수원삼성과 A선수에 대한 고용 계약 조건에 대해서도 협상을 진행할 수 있는 거예요. 이중 대리 행위가 FIFA의 규정에 의해 금지되었을 때도 실질적으로 구단끼리 이적료 협상을 할 때 선수 대리인을 통해 이뤄지는 경우가 많았어요. 그래서 FIFA도 이중 대리를 허용할 수밖에 없었죠.

선수의 이적 협상이 끝나면 에이전트는 양 구단 혹은 한쪽 구단으로부터 이적료 협상에 대한 수수료를 받게 돼요. 또한 선수 대리인으로서 선수의 고용계약 협상을 대리한 대가로 수수료를 받고요.

㉠ 임대계약의 경우에 에이전트는 어떤 역할을 하나요?

㉡ 임대계약의 경우도 이적 계약과 비슷한 일을 해요. 다만 선수의 소유권이 완전히 양수 구단으로 넘어가는 것이 아니라, 말 그대로 선수를 정해진 기간 동안 '임대'하는 것이기 때문에 양 구단 간에 오가는 금액의 개념이 완전히 다르죠. 임대의 경우 양 구단 간에 오가는 돈은 계약 위반에 대한 보상금이 아니라 선수를 빌려서 쓰는 데 따르는 대가로 임대 이적료Loan Fee라고 해요. 이때도 마찬가지로 에이전트는 선수와 임대하는 구단 측을 이중 대리할 수 있어요.

자유계약 선수의 이적은 어떻게 이루어지나요

(편) 자유계약 선수의 경우 이적은 어떻게 이루어지나요?

(추) 선수가 FA Free Agent, 자유계약선수 자격을 얻으면 이적료 없이 다른 팀에 입단할 수 있어요. 이 경우 에이전트는 철저하게 선수 에이전트로서의 역할을 맡아요. 이미 선수가 구단과의 고용계약이 끝난 시점이라 구단 간 이적료 협상은 필요 없으니까요. 특히 보스만 룰에 따라 남은 계약 기간이 6개월 미만이 되는 시점부터 선수와 타 구단 간의 자유로운 협상이 가능해요. 그래서 이 시점부터 선수 에이전트는 활발하게 이적 가능한 구단과의 접촉에 나서게 되죠.

보스만 룰 The Bosman ruling

보스만 룰은 벨기에 출신의 축구 선수 장 마르크 보스만 Jean-Marc Bosman의 이름을 딴 규정이다. 1990년 벨기에 주필러 리그 Jupiler Pro League의 축구 선수인 보스만이 자신의 소속팀 RFC 리에주 RFC Liège에서 프랑스의 됭케르크 Dunkerque로 이적하고자 했다. 그러나 됭케르크는 리에주에 이적료를 충분히 지급하지 못했고 보스만 자신도 쿼터제(외국인 인원수 제한) 등의 규제에 묶여 있어 리에주는 그의 이적을 불허했다. 이적하지 못한 상태로 계약이 만료된 보스만은 리에주에 남게 되었고 더 이상 1군 선수가 아니었기에 연봉도 삭감되었다. 이에 보스만은 유럽사법재판소에 선수들에게 불리한 FIFA 규정 17조에 대해 소송을 냈다. 1995년 12월 15일 유럽사법재판소는 '계약이 끝난 선수는 구단의 동의와 이적료에 관계없이 자유롭게 팀을 옮길 수 있고, 팀 내 외국인 선수의 숫자는 제한될 수 없다'고 판결했다. 보스만이 승소한 이 사건을 '보스만 판결'이라 부른다. 이 판결에 따라 원소속팀과 계약이 종료된 선수는 원소속팀의 동의 없이 다른 팀 입단이 가능해졌고, 남은 계약 기간이 6개월 미만이 되는 시점부터 다른 팀과 자유로운 입단 협상을 할 수 있게 됐다.

이적 계약과 연봉 협상에서
중요한 항목은 무엇인가요

편 이적료와 연봉 협상에서 중요한 것은 무엇인가요?

추 이적료와 연봉 협상에서 가장 중요한 것은 선수의 시장 가치예요. 협상에 나서는 에이전트는 이 선수가 지금 얼마를 받을 수 있는지 시장 가치를 정확하게 판단해야 해요. 간혹 경험이 부족한 에이전트들이 시장에서 평가하는 선수의 가치보다 지나치게 높은 가격을 제시하는 경우가 있어요. 이러면 오히려 해당 선수의 이적에 큰 악재로 작용할 수 있죠. 물론 협상에 나설 때 가장 높은 가격을 받아내는 것이 대리업무를 맡긴 양도 구단이나 선수 본인에게 이득을 안겨주는 것은 맞아요. 또 높은 이적료와 높은 연봉 조건은 곧 선수 에이전트의 수수료 수입의 증가와 직결되니까 이 역시

▌2011년 EPL 선덜랜드에 입단한 지동원 선수

중요하죠. 그러나 합리적
이지 못한 가격을 제시하
는 에이전트는 대리업무
를 맡긴 대리위임자의 이
익을 오히려 침해할 가능
성도 높다는 것을 명심해
야 해요.

⬛ 2014년 독일 분데스리가 아우구스부르크에 입
단한 지동원 선수

㉠ 선수가 소속한 구단
에서 연봉 협상을 하는
경우는 어떤가요?

㉡ 국내 구단들은 기존
보유 선수들에 대해서 매 시즌 시작 전 연봉 협상을 진행하는
경우가 많아요. 이게 유럽 구단과의 다른 점인데요. 대부분의
유럽 구단은 선수와 고용계약을 맺는 시점에 계약기간을 정하
고, 그 계약기간 내의 매 시즌마다 연봉을 얼마로 한다고 미리
정해두는 경우가 일반적이죠. 그러나 국내 구단은 드래프트
시스템으로 선수를 선발하던 시기(2005년 이전)부터 내려오
는 전통을 그대로 이어받아 계약 시점에는 첫해 연봉만을 정
해두고, 매년 선수의 활약을 구단 내부적으로 평가해서 다음

시즌 연봉을 책정하고 선수와 협상을 진행해요. 이 과정에 선수 에이전트는 선수의 대리인으로서 연봉 협상에 참여하죠.

이런 국내 시장의 연봉 협상 방식은 일장일단이 있어요. 유럽 방식처럼 사전에 계약기간 중 연봉의 변화까지 확정한 경우는 계약의 안정성과 계약기간 내 불필요한 갈등 요소를 없앤다는 측면에서 장점이 있죠. 반면 선수의 기량이 계약기간 내 폭발적으로 성장할 가능성이 있는 어린 선수나, 급격하게 하락할 가능성이 있는 베테랑 선수의 경우에는 선수의 시즌 내 활약상을 제대로 연봉 조건에 반영할 수 없다는 단점이 있어요. 이런 경우를 대비해서 유럽 구단들은 다양한 성과급 형태의 연봉 조건을 계약서에 포함시켜서 위험 요소를 없애기 위해 노력하죠.

매 시즌 연봉 협상을 하는 국내 구단의 방식은 정확하게 유럽 구단 스타일과 정반대 입장에서 장단점을 가져요. 선수와 구단은 고용계약 기간 동안 같은 배를 탄 운명공동체예요. 하지만 내부적으로는 고용인과 피고용인의 신분이므로 필연적으로 매 시즌 성과에 대한 평가에 있어 입장이 다르기 마련이죠. 예를 들어 한 선수가 매우 헌신적으로 경기에 임하다가 큰 부상을 입어 오랜 기간 결장할 수 밖에 없는 경우가 발생했다고 가정해 봐요. 시즌이 끝난 후 구단들은 경기 출전 횟수, 공격포인트 수, 경기 중 받은 경고나 퇴장 같은 징계 횟수를 평가에 반영하는데, 오랜 기간 부상으로 결장한 선수는 이 평가 지표에서 불리할 수 밖에 없어요. 선수 입장에서는 억울한 일이죠. 자신의 잘못으로 입은 부상이 아니라 경기에 출전해서 팀의 승리를 위해 헌신하다 부득이하게 입은 부상이니까요. 이 경우 선수와 선수 에이전트는 이 같은 입장을 항변하게 될 터이고 구단은 난처해지죠. 이처럼 선수의 헌신을 어떻게 객관적인 지표로 연봉평가에 반영할 것인가 하는 문제는 매우 어려워요. 이로 인해 선수와 구단의 연봉협상에서 난항이 이어지고 감정적인 갈등까지 간다면 정말 불필요한 업무에 에너지를 소모하는 일이 발생하죠.

(편) 이점도 있다고 하셨는데요. 그건 뭔가요?

(전) 위에서 이야기한 것처럼 매 시즌 연봉 협상을 하는 이점은 틀림없이 있어요. 선수별로 시즌 공헌도를 측정해서 나름 정확하게 다음 시즌 연봉에 반영할 수 있기 때문이죠. 구단 입장에서는 비용의 측면에서 효율 높은 투자를 할 가능성이 높고, 선수 입장에서도 자신이 지난 시즌에 올린 성적대로 이번 시즌 연봉을 받을 수 있다는 기대를 할 수 있으니까요.

에이전트는 이 과정에서 매우 현명하게 움직여야 해요. 최대한 비용을 아껴보려는 구단의 입장과 최대한 자신의 가치를 인정받고 싶어하는 선수의 상반된 입장의 가운데서 때로는 중재자로서, 때로는 선수의 강력한 대변인으로서 처신해야 합니다. 물론 에이전트가 서 있는 위치는 선수 쪽이 되어야 하죠. 애초에 에이전트라는 직업은 고용인이며 이른바 '갑'의 입장인 구단의 횡포를 일방적으로 당할 수 밖에 없었던 선수들이 자신의 이익을 대변하기 위해 고용한 사람에서 시작되었으니까요. 따라서 선수 에이전트는 선수의 입장을 100% 대변하는 것이 기본적인 역할이에요. 다만 원활하게 계약 협상이 이뤄지도록 어느 정도는 윤활유의 역할 역시 요구된다는 말이고요.

에이전트의 역할은 어디까지인가요

ⓔ 에이전트의 역할은 어디까지인가요?

㋐ 선수의 입장을 대변하는 에이전트의 역할에 대해 흥미롭게 고려해 볼 이야기가 하나 있어요. 미국의 프로농구 에이전트인 마이클 시겔Michael B. Siegel이 한 말인데요.

"나는 그들(선수)을 위해 경기를 뛸 수 없고, 그들도 나를 위해 협상에 나설 수 없다. 하지만 내가 생각하기엔 그들이 결정권자라는 사실을 (에이전트가) 받아들이는 것이 중요하다. 만약 그들이 오른쪽과 왼쪽으로 갈 수 있는 갈림길에서 왼쪽으로 가길 원하고, 나는 거기에 동의하지 않는다고 생각해보자. 나는 왼쪽으로 가면 안 되는 이유를 최선을 다해 설명해야 한다. 그럼에도 불구하고 그들이 왼쪽으로 가겠다고 결정하면 OK이다. 왜냐하면 그들의 결정은 최소한 나의 조언을 받고도 내린 결정이기 때문이다."The Business of Sports Agents, second edition,

Kenneth L. Shropshire & Thimothy Davis, 2008, University of Pennsylvania Press

에이전트는 선수보다 사회적 경험이 더 많은 경우가 많고, 협상에 있어서도 더 많은 정보를 가지고 여러 가지 상황을 고려할 수 있는 위치에 있을 수 있어요. 그러나 에이전트는 어디까지나 선수의 대리인일 뿐이에요. 선수의 의지를 협상에 반영하는 것이 임무이며, 결국 결정권자는 선수 본인이라는 뜻이죠. 협상에 나서는 에이전트가 반드시 유념해야 할 점입니다.

이적과 연봉 협상 외에
할 수 있는 다른 일은 무엇인가요

(편) 광고와 스폰서십 Sponsorship 계약도 대행하나요?

(전) 스포츠 선수가 기업의 광고 모델이 되기 시작한 것은 1960년대였어요. 축구 에이전트를 포함해 스포츠 에이전트의 역사에서 매우 중요한 분기점이 된 사건이 하나 있었는데요. 1960년대 미국의 변호사였던 마크 맥코맥 Mark Hume McCormack 이 IMG International Management Group 라는 스포츠 마케팅 에이전시를 창립한 사건이에요. IMG는 당시 세계 최고의 골프 선수였던 아놀드 파머 Arnold Palmer 를 첫 고객으로 계약하면서 광고 계약을 따오고, 광고주와의 라운딩을 주선하거나 자선경기 등의 이벤트를 만들어 선수의 가치를 높였죠. 현대 스포츠 마케팅, 스포츠 에이전시 사업의 태동은 사실상 그로부터 시작되었다고 봐도 무방할 만큼 획기적인 사건이었어요.

축구 에이전트 역시 고객인 선수를 대신해 광고주와 만나 협의하고 광고 계약을 따오는 활동을 해요. 또한 축구 선수를 모델로 삼아 자사 브랜드의 이미지를 높이고 싶어하는 스포츠 용품회사와 스폰서십 계약을 유치하고 그 대가로 현금과 축구 관련 용품을 받도록 연결하기도 하죠.

㉠ 축구 선수가 광고에 출연하는 것은 어떤 효과가 있나요?

㉡ 스포츠 선수의 광고 출연은 어쩌면 매우 당연한 거예요. 상업광고를 왜 하겠어요? 광고를 통해 자사의 브랜드 이미지를 높이면 상품의 신뢰도에 긍정적 영향을 미치고, 그 효과가 제품판매로 연결되겠죠. 보다 직접적으로는 상품을 홍보하면서 그 상품이 쓸만한 가치가 있다는 긍정적 인식을 소비자에게 심어주기 위함이고요. 이런 측면에서 보면 스포츠 스타는 매우 매력적인 광고의 소재가 될 수 있어요. 힘든 훈련을 이겨낸 후 이를 통해 쌓은 실력으로 치열한 경기에서 자웅을 겨루는 모습은 대중이 원하는 역사 속 영웅의 모습과 매우 비슷하잖아요. 또 스포츠라는 장르는 다른 어떤 눈속임이나 모략, 기득권 등을 배제하고 순수하게 자신이 흘린 땀으로 승부를 보는 곳이고요. 그만큼 스포츠 분야에서의 승자는 그 승리의 순수성에 대해 대중들이 100% 공감하기 쉽다는 의미죠. 광고주 입장에서는 자신들이 생산하는 제품에 스포츠 스타들의 이 같은 순수, 노력, 열정, 승리의 이미지를 입히고 싶지 않겠어요?

광고주가 판매하고 싶은 제품이 스포츠 관련 브랜드라면 상품과 스포츠 스타의 이미지가 더욱 직접적으로 연결되는 것은 당연한 일이에요. 골프 선수가 골프 관련 브랜드에, 축구 선수가 축구화나 축구공 브랜드의 광고 모델이 되는 것은 누구나 고개를 끄덕이게 되듯이요. 하지만 스포츠 선수를 모델로 원하는 기업은 비단 스포츠 관련 업체만 있는 건 아니에요. 전혀 스포츠와 관계없는 분야라 하더라도 자신의 기업 이미지가 순수한 경쟁과 이를 이겨내기 위한 노력, 그리고 승리에 대한 강한 열정 등을 갖춘 곳으로 브랜딩 되기를 원하는 기업이 있어요. 그렇다면 이 기업의 광고 담당자는 스포츠 스타를 모델로 고려하는 걸 주저하지 않을 거예요.

㊉ 선수들이 광고 계약을 할 때 주의해야 할 것이 있나요?
㊀ 광고가 저절로 들어오면 좋겠지만 기다리기만 하지는 않아요. 선수 에이전트는 광고 에이전시와 접촉해서 자신의 고객인 축구 선수가 가진 긍정적인 이미지와 브랜드 파워를 어필하죠. 광고주에게도 그 선수에 대해 직접적으로나 간접적으로 알리는 활동도 하고요.

이런 과정을 거쳐 광고 출연 계약에 대한 문의가 들어오면, 광고를 하고자 하는 기업의 이미지와 자신이 관리하는 축구 선수의 이미지가 적합한지 판단해요. 때에 따라서는 선수의 이미지를 생각해서 정중히 거절하는 광고도 있어요. 선수에게

▮차두리 선수와 정대세 선수의 우정을 다룬 다큐멘터리 촬영 장면. 셀틱FC 훈련장 레녹스타운.

괜찮은 광고라고 판단하면 출연료를 얼마나 받을지 협상하는 과정으로 넘어가요. 광고 계약이 성사되었다면 다음은 광고 촬영을 위한 스케줄을 협의하고, 광고 내용이 고객의 이미지와 적합한지 모니터링을 하면서 관리하고, 촬영 당일에는 동선과 스케줄 관리 등을 하죠.

　광고 촬영 후에도 에이전트의 역할은 끝나지 않아요. 촬영한 내용이 협의된 것과 동일한지, 고객의 이미지와 잘 어울리게 나왔는지를 확인해요. 만약 협의한 내용과 다르다면 광고 프로덕션 측에 이의를 제기하고 다시 협의해야 해요. 또 판촉물 제작과 관련해서는 고객의 사진 등이 담긴 판촉물이 계약서에 명시된 내용대로 배포되고 활용되는지도 점검하죠. 특히 판촉물의 경우에는 꼼꼼하게 관리하지 않으면 자칫 선수의 이미지가 담긴 물건들이 길바닥에 쓰레기처럼 버려지는 경우가 생길 수가 있어서 주의해야 해요.

편 광고 협의를 할 때는 세밀한 조항까지 넣어야겠어요.
전 광고를 맺은 업체가 협의되지 않은 일을 할 때가 있어요. 선수의 동의를 받지 않은 이미지를 불법으로 도용하는 경우도 있고요. 그래서 수시로 점검해서 문제가 있으면 해당 업체에 엄중하게 경고해요. 필요할 경우 민형사상의 고발 조치도 해야 하는 것이 에이전트의 업무 중 하나예요.

스포츠 선수의 광고 출연은 이처럼 잘 활용되면 선수 본인과 광고주 모두 생각하는 것 이상의 효과를 얻을 수 있어요. 피겨스케이팅 여제 김연아 선수를 활용한 다양한 기업의 이미지 광고가 좋은 예죠. 또 현역 시절 차두리 선수의 친근한 이미지를 유쾌한 음악과 춤을 담아 활용한 대웅제약 '우루사' 광고의 경우, 스포츠 선수의 광고 출연으로 제품의 매출이 획기적으로 증가하는 보기 드문 기록을 남겼죠.

축구 선수의 스폰서십 계약이 궁금해요

(편) 스폰서십은 무엇인가요?

(추) 스포츠 브랜드가 선수에게 용품 후원을 하는 걸 스폰서십이라고 해요. 이것은 광고 계약 중에서도 특별한 경우에 해당해요. 여러분 중에 나이키의 에어 조던 운동화를 모르는 친구는 거의 없을 거예요. 그런데 상표로 쓰이는 '조던'이 1980~90년대 미국 역사상 최고의 농구선수였던 마이클 조던^{Michael} ^{Jordan}의 이름을 따왔다는 걸 알고 있나요? 에어 조던은 나이키와 마이클 조던의 스폰서십 계약에서 출발해 가장 성공적인 광고 계약으로 이어진 사례예요. 1980년대 말 신생 스포츠용품 브랜드였던 나이키는 당시 떠오르는 농구 스타였던 마이클 조던과 용품 후원 계약을 장기로 맺었어요. 정작 선수 본인은 당시 NBA의 대세를 점하고 있었던 아디다스와 계약을 맺고 싶어했죠. 그런데 조던의 에이전트가 나이키의 파격적인 제안을 받고 조던을 설득하여 계약이 성사되었다고 해요. 마이클 조던은 이후 전 세계 농구의 대명사로 성장했고, 나이키의 농구화는 그와 함께 전 세계 농구팬들에게 선망의 대상이 되었죠. 나이키는 이를 놓치지 않고 조던의 이름을 딴 브랜드 '에어

조던'을 내놓았고, 이는 스포츠용품 시장의 획기적인 사건이었어요. '에어 조던' 농구화는 마이클 조던이 누구인지도 모르는 2000년대생 젊은이들 사이에서도 매우 높은 가격에 중고품이 거래될 정도의 명품으로 자리매김하고 있죠.

⑨ 축구 선수의 이름을 딴 축구화들이 있더라고요. 이것도 스폰서십을 활용한 마케팅인가요?

㉳ 스포츠용품 브랜드와 스포츠 스타의 만남으로 성공한 사례들이 많아요. 축구에서는 아디다스와 베컴, 메시의 브랜딩 전략이 유명하죠. 또 나이키는 브라질의 스트라이커 호나우도와 축구화 용품 계약을 맺은 것을 시작으로 수많은 스타와 계약을 맺으면서 광고 효과를 이어가고 있고요. 이렇게 스포츠용품 기업이 선수들과 스폰서십을 맺는 이유는 그 효과가 아주 크기 때문이에요. 호나우도가 신은 나이키 운동화를 보고 소비자는 어떤 생각을 할까요? 세계 탑티어top-tier 스포츠 스타들이 항상 사용하는 제품이라면 정말 프로페셔널하다는 이미지가 곧바로 소비자의 머릿속에 각인되지 않겠어요? 또 팬들이 호나우도를 떠올릴 때 그가 신었던 운동화도 자동으로 떠오르지 않겠어요? 이렇게 스포츠용품 기업은 스포츠 스타와 자신들의 제품 이미지가 직결된다는 것을 이미 잘 알고 있어

서 잘 활용하고 있죠.

🅟 우리나라 축구 선수들의 경우는 어떤가요?

🅣 2005년에 우리나라 축구 선수와 스포츠용품 브랜드가 처음 장기 계약을 맺었어요. 당시 세계 최고의 구단이었던 맨체스터 유나이티드에 입단한 박지성 선수가 그 대상이었죠. 스포츠용품 브랜드의 양대 산맥인 나이키와 아디다스는 박지성의 용품 계약을 두고 치열하게 경쟁했어요. 당시로서는 파격적인 금액에 나이키가 10년간의 장기 계약을 맺는데 성공했죠. 박지성 선수는 2002년 한일월드컵에서 스타로 떠오른 이후 PSV 아인트호벤을 거쳐 맨체스터 유나이티드에 입단하며 사실상 7~8년간 한국 축구의 아이콘으로 떠올랐던 터라 나이키와 아디다스의 이 같은 경쟁은 한국 축구 용품 시장을 두고 당연히 벌어질 수 밖에 없는 일이었죠. 이 작은 전쟁의 성패로 용품 회사 담당자가 물갈이될 정도로 양사의 한국 지사는 사활을 건 싸움을 벌였다고 해요. 이를 이어 나이키는 2009년과 2010년 셀틱FC에 진출한 기성용과 잉글랜드 프리미어리그 볼튼 원더러스에 진출한 이청용, 소위 '쌍용'이라 불리는 이 선수들과 모두 장기계약을 맺어 국내 용품 계약 시장에서 한발 앞서 나가기 시작했어요. 아디다스는 이들보다 한발 늦게 독일

분데스리가에 진출한 구자철과 장기 계약을 했고요.

㉯ 현재 국내 스포츠용품 시장에서 가장 매력적인 선수는 누구인가요?

㉰ 현재 국내 스포츠용품 시장의 아이콘은 누가 뭐래도 손흥민 선수죠. 손흥민 선수의 용품 회사는 아디다스예요. 그 뒤를 이을 것으로 평가되는 이강인 선수도 역시 아디다스 소속이고요. 10여 년 전의 실패를 만회하려는 아디다스의 절치부심이 돋보이는 부분이에요. 이처럼 용품 브랜드 계약에서도 스타 선수를 유치하려는 경쟁은 치열하게 이뤄지고 있어요.

그렇다고 누구나 다 아는 대형 스타만 계약이 이뤄지는 것도 아니에요. 에이전트는 가능성이 충분한 어린 선수들을 용품 회사에 소개하고, 이른 나이부터 좋은 용품을 걱정 없이 공급받도록 주선하고 있어요. 이것은 용품 회사도 바라는 바예요. 어린 나이의 선수들은 대부분 매우 낮은 조건의 계약을 하게 되어 용품 회사로서는 비용 부담이 적은 반면, 이 선수들이 장기적으로 크게 성장할 경우 이른바 '선점 효과'를 노릴 수 있기 때문이에요. 한번 특정 브랜드의 제품에 익숙해 진 선수로서는 자신의 경기력에 직결되는 용품을 쉽게 바꾸기가 어려운 측면도 있어요. 이런 것도 선점 효과에 포함되거든요.

물론 국내 탑티어 선수로 성장하게 되면 여러 용품 회사들이 계약 종료 시점을 노려 경쟁하게 되죠. 이 과정에서 에이전트의 역할이 매우 중요해요. 여러 회사 가운데 어느 회사의 제품이 선수의 경기력에 가장 긍정적으로 작용할 것인가에 대한 고려는 물론이고요. 얼마나 장기적으로 선수와 관계를 맺어 용품 브랜드와 선수의 이미지를 연결할 수 있는가도 생각해야 해요. 계약의 금액적인 보상은 말할 것도 없고요.

㉤ 선수가 스포츠용품 회사를 바꿨을 때 문제는 없나요?
㉠ 축구 선수는 축구화에 민감해요. 축구 선수가 필요로 하는 유일한 용품이 있다면 그게 축구화인데요. 용품 회사를 바꾸고 나서 축구화가 맞지 않을 때는 곤란한 일이 벌어지죠. 흔하지 않은 일이지만 거액의 장기 용품 계약을 맺고도 해당 브랜드의 용품이 도저히 맞지 않아 중도에 위약금을 물고 계약을 해지하는 경우도 있어요. 이 정도는 아니더라도 특정 모델의 축구화가 맞지 않아 이전 모델의 제품을 '블랙아웃(상품의 특정 디자인 혹은 브랜드를 검은 매직펜 등으로 칠해 알아볼 수 없게 하는 행위)'을 하는 경우도 있고요. 에이전트는 계약의 금전적인 조건만을 고려했을 때 나중에 선수가 곤란한 지경에 처할 수 있는 것을 명심해서 협상 업무를 진행해야 해요.

선수의 커리어 매니지먼트는 어떻게 하나요

(편) 선수의 커리어 매니지먼트는 어떻게 하나요?

(추) 한 선수의 전체 커리어를 관리하는 것도 에이전트의 업무에 포함돼요. 커리어를 관리한다는 것은 무슨 의미일까요? 여기 15세의 어린 선수가 있다고 해봐요. 이 선수는 중학교에서 꽤 좋은 성적을 올리며 2학년부터 꾸준히 경기에 출전하고 있어요. 고등학교 진학 시점이 되자 소속팀 감독은 이 학교 학생들이 주로 진학했던 같은 지역의 고등학교로 다른 선수들과 함께 진학하면 어떻겠냐고 조언해요. 그런데 멀지 않은 도시의 프로구단에 소속된 유스팀 스카우터가 선수의 부모에게 전화를 하죠. 선수와 선수 부모는 고민할 수 밖에 없어요. 축구계에서 아는 사람이라고는 소속팀 감독과 코치가 전부인 경우는 더더욱 그렇고요. 어느 곳으로 진학해야 어린 선수의 장래에 도움이 될지를 판단하기 쉽지 않죠. 에이전트의 커리어 매니지먼트는 여기서부터 시작된다고 보면 돼요. 선수를 어떤 경로를 통해 완성된 프로선수로, 국가를 대표하는 국가대표 선수로, 그리고 은퇴 후에는 지도자 혹은 다른 직업의 사회인으로 이끌지를 계획하고 안내하는 것이죠.

편 잠재력 있는 어린 선수를 발견했다면 고민에 빠진 부모와 선수에게 에이전트로서 어떤 조언을 하시겠어요?

추 만약 제가 앞에서 말한 어린 선수의 잠재력을 높이 평가해서 계약을 하게 된다면, 에이전트로서 진학할 학교 결정에 대한 조언부터 할 거예요. 그리고 고등학교에 진학한 이후에는 선수로서 꼭 필요한 기본기, 체력, 정신적인 부분에 관해 지속적인 관리를 해야죠. 고등학교를 졸업할 시점이 되면 에이전트는 이 선수가 프로로 직행할 수 있는 능력이 있는지 판단할 거고요. 만약 부족하다면 대학 진학을 통해 성인 축구의 맛을 아마추어 단계에서 볼 수 있는 기회를 제공할 거예요. 프로선수의 싹이 보인다면 당연히 프로구단의 신인 계약을 추진해야죠. 그리고 선수의 성장과 함께 단계별로 가장 적합한 환경을 찾는 일도 해야 해요. 적절한 타이밍에 구단을 이적해서 잠재력을 활짝 꽃피울 수 있도록 관리해야 하고요.

편 잠재력 있는 어린 선수를 발굴하는 것에서 시작해 선수의 전성기를 함께 만들어 가는 것도 에이전트의 일이군요. 이렇게 오랜 시간 선수를 관리하려면 에이전트가 챙겨야 할 것이 많을 것 같아요.

ⓠ 어린 선수의 커리어를 만들어 가려면 에이전트와 선수는 밀접하게 접촉할 필요가 있어요. 축구는 단체운동이라 개인 운동과 달리 선수의 경기 일정을 챙기거나 경기력 향상을 위한 트레이닝을 할 필요는 없어요. 골프나 테니스, 피겨스케이팅의 경우는 지도자 선정, 훈련 스케줄, 대회 참가 등을 에이전트가 직접 관리하거든요. 그런데 축구는 경기 일정은 물론이고 경기력과 직접적인 관계가 있는 요소들은 기본적으로 소속 팀에서 관리, 감독해요. 대신 팀 안에서 해결해 줄 수 없는 부분이나 선수 개인이 챙겨야 할 부분에서 미흡한 것들은 에이전트가 챙겨야 해요. 예를 들어 피지컬 훈련이 부족해서 보충할 필요성을 느낀다면 전문적인 피지컬 트레이너를 섭외해서 선수의 훈련을 의뢰하는 일도 그중 하나지요.

ⓠ 에이전트는 선수의 사생활 관리도 하나요?
ⓠ 사생활 부분의 관리도 필수적이죠. 선수가 성장할수록 사생활 부분 관리의 중요성은 더욱 높아져요. 언론 노출의 빈도가 높아지면 대중이 기대하는 도덕적 잣대도 엄격해지기 마련이에요. 특히 스타 선수의 반열에 가까워지면 에이전트의 역할 가운데 절반 이상은 사생활 관리라고 해도 무방할 정도랍니다. 계속해서 들어오는 각종 미디어의 인터뷰 요청이나 방

송 출연 요청을 관리해야 하고, 선수의 주변에서 악영향을 미치는 요소들을 미리 선별해서 가급적 제거할 수 있도록 노력하는 것도 에이전트의 역할이죠.

병역의무 이행의 부분에 대한 전략도 국내 시장에서는 필수적이에요. 예전에 비해 병역의무 이행 기간이 짧아졌고, 상무부대가 있어 선수 커리어가 단절될 수 있는 위험 요소도 줄어들었지만 20대에서 30대 중반까지 밖에 활동할 수 없는 프로축구 선수에게 2년 가까운 시간의 공백은 여전히 커리어 매니지먼트에 있어서 중요한 부분이에요. 그래서 에이전트는 이 선수가 어느 시점에 군에 입대해서 병역의무를 마치는 것이 전체적인 커리어에 가장 이익인지를 잘 판단하고 선수에게 조언해야 하죠. 예를 들어 매우 뛰어난 잠재력을 가진 선수지만 소속 구단에 실력이 좋은 선배들이 같은 포지션에 잔뜩 포진해 있어서 경기 출전 기회를 받을 확률이 적다면 에이전트는 선수에게 병역의무를 빨리 마치고 돌아오는 게 좋겠다고 조언할 수 있어요.

축구 선수에게 법률적인 문제나
세무 문제가 발생했을 때는 어떻게 하나요

㉠ 축구 선수에게 법률적인 문제나 세무 문제가 발생했을 때
는 어떻게 하나요?

㉢ 법률 자문과 세무 자문은 국내와 해외를 통틀어 에이전
트 업무의 필수적인 요소는 아니에요. 법률과 세무 업무는 전
문적인 지식이 필요한데다 이미 그 영역의 전문가가 있으니까
에이전트의 조언이 필요 없어요. 다만 선수가 필요로 할 경우
스포츠 분야의 특성을 잘 이해하고 있는 해당 분야의 전문가
를 섭외해서 연결하는 역할은 종종 하죠. 같은 법률, 세무 자문
이라도 스포츠 분야, 특히 축구 분야에 대한 이해가 부족한 전
문가들은 아무래도 서비스의 질이 떨어지는 경우가 있으니까
요.

㉠ 이외에도 선수들을 위해 에이전트가 하는 일이 또 있을까
요?

㉢ 최근 들어 국내 스포츠 분야에서 심리 상담이 중요하게 떠
오르고 있어요. 치열한 승부의 세계에서 생활하는 스포츠 선

수들은 어린 나이부터 매우 심한 스트레스 상황에 놓여요. 물론 승리의 쾌감은 짜릿하죠. 그러나 언제나 이길 수는 없는 노릇이잖아요. 팀이 패하거나 자신의 경기력이 구단이나 본인의 기대에 미치지 못하는 경우도 심심치 않게 발생하고요. 이런 상황을 이겨내기 위해서 강한 정신력이 마치 좋은 선수의 필수품인 것처럼 이야기되던 시절이 있었어요. 하지만 요즘엔 달라요. 스포츠 의학이 발전하면서 승부에 따라 심리적 압박을 받는 선수들의 스트레스 문제를 관리하는 게 필요하다는 사실이 밝혀졌어요. 그래서 국내 스포츠에서도 심리 상담의 중요성이 점점 부각되고 있어요. 이런 추세에 맞춰 축구에서는 각 팀이 전문 심리상담가와 계약해서 소속 선수들의 멘탈리티를 관리하고 있어요. 그러나 심리 상담이라는 특성상 각 개인이 충분히 마음을 털어놓을 수 있는 상대가 있기 마련이잖아요. 만약에 선수가 따로 전문적인 심리 상담을 요청하거나, 에이전트가 필요하다고 생각하면 전문 심리상담가를 미리 섭외해서 선수의 정신 건강을 관리하는 방법도 있어요.

축구 선수가 선수 생활을 마무리할 때
에이전트는 어떤 일을 하나요

㉠ 전성기를 지난 선수는 선수 생활의 마무리를 어떻게 할까 고민이 많을 것 같아요. 에이전트는 이 시기를 어떻게 준비하나요?

㉡ 프로선수로서 전성기를 누리고 스타반열에 올랐던 선수도 서서히 경력의 황혼기에 접어들게 돼요. 이때 에이전트는 이 선수가 어떤 모습으로 팬들에게 기억되게 할 것인지 고민해야 해요. 선수 생활의 마지막을 어떻게 보내느냐에 따라 팬들의 기억이 달라지거든요. 약간의 경제적인 불이익을 감수하고서라도 한 팀의 레전드 선수로 남도록 조언할지, 아니면 지금 아니면 벌어들일 수 없을 만큼 높은 연봉을 지급하는 구단으로 이적해서 선수 생활을 마무리하도록 할지를 결정해야 하죠. 어떤 방향으로 선택해야 하나 고민이 만만치 않아요. 선수 경력의 황혼기에 접어든 선수에게 높은 연봉을 제시하는 구단은 소속된 리그나 구단의 환경이 다른 곳에 비해 어려운 경우가 많아요. 누구나 가고 싶어 하는 환경과 높은 리그 수준의 팀에서 많은 연봉을 받고 선수 경력을 마무리할 수 있다면 최고로

명예로운 일이겠지만 그런 행운을 누릴 수 있는 선수는 전 세계에서 정말 몇 명 밖에 되지 않아요. 대부분의 선수는 나이가 들면서 기량이 떨어지게 되고 이에 따라 높은 수준의 리그에 속해 있는 팀에서 더 이상 뛸 수 없게 되는 경우가 발생하니까요.

편 이럴 때 선수는, 또 에이전트는 어떤 결정을 내려야 할까요?

전 선수가 할 수 있는 선택의 장단점을 살펴서 결정을 내려야겠죠. 자신의 떨어진 기량을 인정하고 상대적으로 낮은 수준의 리그로 이적해서 좋은 모습으로 선수 경력을 마무리하는 방법이 있어요. 그렇다면 낮은 수준의 리그로 갈 때 무엇을 우선적으로 볼 것인가 하는 문제가 남죠. 매우 성공적인 선수였다면 자신이 빅스타가 되기 이전에 소속되어 성장의 발판이 되어 준 친정팀이 있을 가능성이 높아요. 그 친정팀으로 다시 돌아가서, 십여 년 전 자기처럼 막 커 올라오는 어린 선수들과 함께 경기하며 그들의 성장을 돕는 거예요. 친정팀에게는 좋은 성적을 안겨주고 자신을 기억하는 친정팀 팬들에게는 또 하나의 좋은 추억을 만들어 준다면 행복한 경력의 마침표가 될 수 있겠죠. 덤으로 그 친정팀의 팬들은 이 선수가 성공했음에도 불구하고 다시 친정팀을 찾아준 레전드로 기억하며 앞으로도 내내 사랑할 것이고요.

선수 경력을 마무리하는 또 다른 방법도 있어요. 상대적으로 낮은 수준의 리그지만 부자 스폰서의 아낌없는 지원으로 스타플레이어를 영입하는 구단들이 축구계에는 꽤 많이 있어요. 빅스타였던 선수에게 이 부자구단은 틀림없이 매력을 느낄 거예요. 기량이 약간 하락했지만 여전히 이 부자구단이 소속된 리그에서는 쉽게 찾아볼 수 없는 경기력을 가지고 있을 테니까요. 게다가 이 선수는 이 팀의 팬들이 환호할 만큼 충분히 명성도 높을 거고요. 이 팀의 구단주도 만약 이 선수가 전성기라면 절대 자신의 팀에 올 이유가 없었다는 것을 이해하고 있어요. 그래서 경력의 끝자락에 있지만 그래도 준수한 기량과 스타덤을 가진 이 선수에게 꽤 괜찮은 연봉을 제시하게 되죠. 이 경우 에이전트와 선수에게는 좋은 기회가 될 수 있어요. 만약 선수가 화려한 명성에 비해 경제적으로 은퇴 후의 삶을 충분히 여유롭게 누릴 수 있을 만큼 부를 축적하지 못했다면 더욱 그렇죠. 물론 이 경우 이 선수의 친정팀 팬들은 자신들에게 돌아오지 않는 예전의 에이스에게 배신감을 느끼며 비난할 수는 있을 거예요. 하지만 에이전트는 냉정하게 판단할 필요가 있어요. 어느 것이 내 선수의 인생항로에 있어서 가장 합리적인 선택이 될 것인가 말이죠. 명예와 부를 같이 거머쥐는 선수는 많지 않아요.

이런 선택을 고민할 수 있는 스타플레이어 선수가 흔하지 않은 건 사실이에요. 이런 선수들은 대부분 국가대표팀에서 오랫동안 활약해야 하고, 해외 진출 후 꾸준히 경기에 출전하며 명성을 쌓은 후에 주어지는, 어떻게 보면 혜택이라고 할 수 있는 경력의 종착점이죠.

㉠ 스타가 되어 전성기를 누린 선수들은 선택지가 많은 것 같아요. 반대로 스타가 되지 못한 선수들은 어떻게 은퇴 준비를 해야 할까요?

㉡ 축구 선수 중에는 최선을 다해 노력했지만 재능이 부족해서, 또는 예고 없이 찾아오는 갑작스런 부상으로 불행하게 선수 생활을 마무리해야 하는 선수들도 많아요. 에이전트로서도 매우 안타깝고 슬픈 경우죠. 하지만 선수의 커리어 관리는 이럴 때 더욱 보수적이고 철저해야 해요. 스포츠는 일면 매우 객관적이에요. 코칭스태프와 동료 선수, 그리고 팬들이 볼 때 더 이상 매력적이지 않다면 이 선수는 프로로서의 가치가 사라졌다고 할 수 있어요.

이런 경우에 처한 대부분의 선수는 자신의 가치가 더 이상

인정되지 않는다는 사실을 받아들이지 못해요. 어린 시절부터 평생 해 왔던 축구를 다른 사람의 판단에 의해 그만두어야 하는 상황에 직면하면 누구라도 매우 당황스러울 수 밖에 없을 거예요. 그러나 선수와 인생의 동반자 관계를 맺고 있는 에이전트는 이 같은 경우에 냉정하게 선수의 다음 진로를 조언해야 해요. 차마 떨어지지 않는 입을 놀려서라도 "너의 선수 생활은 이것으로 마무리해야 할 것 같다. 계속 축구계에서 일을 하고 싶다면 다른 방법도 있다"와 같은 말을 던져야 하는 거죠.

㉠ 안타까운 일이지만 에이전트로서 꼭 해야 하는 일 같아요. 그런 선수들에게는 어떤 진로가 있을까요?

㉢ 예전과 달리 국내 축구계에서도 이제는 선수 출신으로서 다른 형태로 일할 수 있는 직종들이 많이 생겼어요. 예를 들어 심판이나, 각급 축구협회의 행정직원, 각 구단의 스카우트 관련 업무, 경기분석관, 피지컬 트레이너 등이죠. 물론 선수 출신이 할 수 있는 전통적인 루트를 밟아 지도자도 될 수 있고요. 일찌감치 선수 생활을 마감하고 이와 같은 길을 걸어서 선수 시절에는 꿈도 꿀 수 없었던 성공을 거둔 예를 해외에서는 쉽게 찾을 수 있어요. 21세기 최고의 감독이라 일컬어지는 AS 로

마의 조제 무리뉴^{Jose Mourinho} 감독이 그렇고, 리버풀 FC의 위르겐 클롭^{Jurgen Norbert Klopp} 감독도 있죠. 또 각 유명 구단의 테크니컬 디렉터^{Technical Director 선수단 강화 부장}들도 이른 시기에 선수 생활을 접고 이 분야에 투신해 성공한 이들이 많아요. 심지어 프로 선수의 경력이 없는 이들도 부지기수고요. 그런데 아직 국내에서는 이런 성공 사례가 부족한 것은 사실이에요. 그러나 2025년부터 각 구단이 의무적으로 테크니컬 디렉터 직책을 마련하도록 하는 제도개선이 이뤄졌고, 이로 인해 선수 출신의 축구인들이 행정업무에 진출할 가능성도 높아졌어요. 에이전트는 축구 선수 생활을 접어야 하는 고객에게 이와 관련된 향후 진로를 조언해주어야 한답니다.

FOOTBALL AGENT

축구 에이전트의 세계

선수와 에이전트 계약을 하기까지의
과정이 궁금해요

㉠ 선수와 에이전트 계약을 하기까지의 과정이 궁금해요.

㉡ 선수들과 에이전트 계약을 맺는 방법은 여러 가지예요. 회사를 차린 초창기에는 우리와 인연이 있는 선수들과 에이전트 계약을 맺었어요. 덕분에 회사가 빠른 시간에 안정될 수 있었죠. 그 이후에는 프로로 데뷔하는 선수나 다른 에이전시 회사와 계약이 만료되는 선수들을 접촉해 계약을 했어요. 최근에는 중고등학교 학생 중에서 성장 잠재력이 높은 선수를 발굴해 계약하고 있어요. 이미 프로선수로 활동하는 선수들과의 계약도 중요하지만 성장 가능성이 높은 선수를 미리 확보하는 것도 미래를 위해 중요한 일이라서요.

㉢ 제가 대학원에서 강의할 때 학생들한테 하는 얘기가 있어요. 에이전트를 하겠다고 찾아오는 사람들에게 하는 얘기이기도 한데요. "아마도 여러분은 에이전트가 되어 양복을 근사하게 차려입고 사무실에 들어가 멋지게 사인하는 모습을 상상할지도 모르겠어요. 그런데 그건 에이전트가 하는 일의 0.01%에 불과합니다." 이렇게요. 에이전트라고 하면 계약한 선수들을

관리하는 일이라고 알려져 있어요. 그건 당연한 일이기는 한데요. 계약하기 전까지의 일은 모르고 계약 후에 관리만 하는 거라서 그렇게 어려운 일은 아니고 폼나는 일이라고 생각하는 청년들이 꽤 있어요.

사실 계약할 선수를 찾는 과정도 험난하고 막상 선수를 찾았다고 해도 계약이 성사되려면 또 몇 단계의 고비를 넘어야 해요. 선수 측에서 원하는 연봉과 구단 측에서 제시하는 연봉은 항상 차이가 있어요. 선수는 많이 받으려고 하고 구단은 적게 주려고 하죠. 에이전트는 그 둘 사이에 서서 적정한 타협점을 찾아야 하고요. 타협이 되면 선수와 에이전트 계약을 하지만 계약 직전에 틀어지는 경우도 꽤 있죠. 외부에는 성사된 계약만 알려지니까 이게 쉬워 보이는 지도 모르겠어요.

외국 선수와 에이전트 계약을 맺기도 하나요

㉠ 외국 선수와 에이전트 계약을 맺기도 하나요?

㉡ 저희 회사는 한국 선수를 외국으로 보내기도 하고 외국 선수를 K리그로 데리고 오는 일도 해요. 유럽으로 가고 싶은 국내 선수는 우리 에이전시와 계약을 하는 게 좋다는 말이 도는데요. 이미 여러 선수를 유럽에 보낸 경험이 있고, 유럽 내에서도 여러 국가로 이적하는 일도 해 봤기 때문이에요. 저희처럼 유럽 구단과 협상을 직접 하는 에이전트는 우리나라에서 드물어요. 그만큼 그 분야에는 자신이 있죠.

한편으로 외국 선수를 국내로 데려오는 일도 하는데요. 국내 구단에서 외국 선수를 찾아달라고 요청하면 주로 기량 대비 연봉이 낮은 브라질, 콜롬비아, 코스타리카 같은 남미 국가들에서 선수를 데려오죠. 그쪽에 기량이 뛰어난 선수들이 꽤 많이 있으니까요. 그런데 이 일은 다이아몬드 원석을 채굴하는 일과 비슷해요. 여러 나라를 돌아다니면서 좋은 선수를 발굴하는 게 가장 중요한데요. 좋은 선수는 이미 몸값이 높게 책정되어 있어요. 저희가 선수를 데려오는 데 그치는 게 아니고 한국에서 키워서 일본이나 중국, 중동 국가들에 몸값을 높여

▎2017년 한국 선수를 스카우트하기 위해 경기 관전중인 독일과 일본 에이전트

서 이적을 시키는 경우가 많아요. 그런 경우까지 내다볼 때 이미 높은 연봉이 책정된 선수를 데리고 와서는 이익이 남지 않죠. 그래서 아직 기량이 완숙하지는 않지만 성장 가능성이 높은 선수를 발굴하는 게 성공의 관건이에요.

외국 선수는 어떻게 발굴하나요?

㉠ 외국 선수를 발굴하는 과정이 궁금해요.

㉠ 예를 들어 국내 어느 구단에서 어느 포지션의 선수가 필요하니 찾아달라는 요청을 받았다고 가정해 볼게요. 맨 처음에 하는 일은 저희와 거래하는 세계 여러 나라의 모든 에이전시에 선수를 찾는다고 알리는 거예요. 그러면 브라질, 우즈베키스탄, 나이지리아, 에스토니아, 코스타리카, 슬로베니아, 에콰도르 등등의 에이전시에서 적합한 선수가 있다고 자료를 보내와요. 에이전시 소속 선수들도 있고 에이전시에 소속된 선수는 아니지만 에이전트가 여러 구단을 다니면서 눈에 띄는 선수를 마음에 담아두었다가 추천하는 경우도 있고요. 그러면 이제 첫 단계로 선수 검증 단계에 들어가죠. 선수들의 이력과 경기 동영상을 보고 적합하다고 생각되는 선수들을 추리고 명단을 만들어 구단에 제시해요. 구단에서 관심있다고 지명한 선수가 있으면 바로 비행기를 타고 날아가요. 가서 그쪽 에이전트랑 만나 추천받은 선수의 경기를 직접 보고 선수를 만나서 얘기하는 과정을 거쳐야 하거든요. 그래서 선수 경기력도 만족스럽고 선수도 동의를 하면 구단과 협상을 통해 계약이

성사되는 거고, 저희가 선수 경기를 봤는데 경기력이 못 미치는 것 같다고 판단되면 후보에서 제외시키기도 하고 그래요. 그럼 다시 선수를 찾는 과정을 시작해야 해요. 이런 과정을 다 거쳤어도 여러 가지 이유로 계약을 못 하는 경우도 많아요.

㉠ 어떤 때 계약을 못 하게 되나요?

㉣ 제가 여태까지의 경험 중에 가장 극단적인 일은 후보에 오른 선수를 보기 위해 칠레 산티아고에 들렀다 온 경우였어요. 구단에서 칠레 선수가 마음에 든다는 답이 5월 3일에 왔어요. 그런데 칠레는 5월 15일이 시즌 마감이라 겨우 두 경기가 남았어요. 구단의 결제를 받고 나니까 딱 한 경기 남았더라고요. 이적시키려면 여름에 해야 하는데 선수의 경기를 보지 않고는 결정할 수 없으니 어떡해요. 누군가는 가야죠. 그래서 전 대표와 둘이 가위바위보를 했는데 제가 졌어요. 당장 짐 싸서 공항으로 갔죠. 서울에서 미국 달라스를 거쳐 페루 리마에 갔다가 산티아고로 가는 여정이었어요. 스물 몇 시간 비행기를 타고 칠레에 새벽에 도착했어요. 호텔에서 낮에 좀 쉬고 저녁에 경기를 보러 갔죠. 전반 30분쯤 지났을 때 상대 팀 원정 서포터즈가 막 화염병을 경기장에 집어던지고 난동을 부리더라고요. 그래서 경기가 중단되었죠. 스카우터하고 둘이 관람석에 앉아

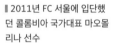

▮2011년 FC 서울에 입단했던 콜롬비아 국가대표 마오몰리나 선수

서 어떡하냐고 오늘이 마지막 경기인데 이거 안 보면 계약 못 하는데 하고 걱정하며 두 시간을 앉아서 기다렸어요. 경기가 다시 시작은 했어요. 그런데 문제는 스카우트하려고 했던 그 선수가 후반에 좀 뛰더니 교체돼서 나가 버리더라고요. 어떡해요. 이제 그냥 호텔에 돌아와서 자고 다음 날 다시 비행기를 탔죠. 서울로 가는 직항이 없어서 미국 애틀랜타시티 공항에서 12시간 기다렸다가 다시 14시간 반 비행기를 탔고요. 결국 5일 출장이었는데 3일은 비행기에서 자고 이틀 호텔에서 잔 거예요. 그 출장 다녀와서 대상포진 걸렸잖아요. 근데 고생한 보람도 없었죠.

외국 선수와 계약할 때 어려운 점은 무엇인가요

⊙ 외국 선수와 계약할 때는 문화적 차이도 있어서 어려운 점
도 있을 것 같아요.

⊙ 제가 브라질만 다니다가 요즘 멕시코와 콜롬비아, 에콰도
르를 다니면서 남미 문화가 유럽 문화와 확실히 다르다는 걸
체감했어요. 언어의 뿌리도 같고 유럽에서 건너온 사람들의
후손들이 많은데 문화는 다르더라고요. 부패한 사회의 특징도
있고 군사 문화 영향도 많이 있고요. 저희가 남미 국가들의 선
수를 영입할 때는 조심하는 게 있어요. 돈 문제는 매우 신중해
야 하는데요. 우리는 계약을 하기로 합의하고 돈을 받았으면
그 계약을 실행하는 게 너무 당연한 거잖아요. 그런데 그곳 사
람들의 생각은 달라요. 이적하기로 사인하고 돈을 다 받았으
면 약속한 날짜에 와야 하죠. 그게 상식인데 약속한 날짜가 되
었는데 선수가 도착하지 않는 경우가 있어요.

예를 들어 A라는 브라질 선수를 K리그 어느 구단으로 보내
기로 계약했어요. 항공권도 미리 선수에게 보내놓고 에이전트
는 브라질에서 출국하기로 한 당일 공항에서 선수를 기다렸어
요. 그런데 A가 가벼운 차림으로 공항에 나타나 자기는 지금

출국할 수 없다고 얘기하는 거예요. 여권도 없고 짐도 없이 나타나서는 출국 날짜를 어제 들었는데 자기 고향에 있는 후원인이 허락해야 한국에 갈 수 있다고요. 남미 선수들한테는 이렇게 영향력을 미치는 후원인이 있는 경우가 종종 있어서 알고 있었죠. 그런데 그때가 K리그 선수들의 이적 등록 마감 4일 전이라 시간이 매우 촉박했어요. A의 고향은 국내선 비행기로 3시간 걸리는 곳이었는데 오늘 갔다가 다음날까지 꼭 돌아오라고 다짐을 하고 보냈죠. 문제는 그것만 있는 게 아니었어요. A가 한국에 입국하려면 취업 비자를 신청해야 하는데 브라질에서 독일을 거쳐 한국에 들어가면 이틀이 걸려요. 그날은 이적 신청 마지막 날이라 그전에 비자 신청이 돼 있어야 일이 끝나는 거예요. 이런 급박한 상황이라 마음이 급했지만 어쩌겠어요. 선수가 돌아오기를 기다렸다가 바로 비행기를 탔죠. 그리고 독일에서 한국행 비행기를 갈아타려면 12시간 기다려야 했어요. 다행히 그때 독일은 낮이라 한국 대사관으로 가서 A의 취업 비자를 신청했어요. 보통 비자를 신청하면 다음날 나와요. 그런데 밤에 비행기를 타야 하잖아요. 대사관 직원들에게 빌고 빌어서 오후에 비자를 받았어요. 그리고 저녁 비행기를 타고 한국에 딱 도착해서 휴대폰을 열어봤더니 이적동의서가 브라질에서 안 왔다는 문자가 여러 통 와 있더라고요. 그래서 부랴부랴 브라질에 연락해서 이적동의서 받아서 겨우 이적시킬 수 있었죠. 그게 이적 마감 하루 전이었어요.

(편) 듣기만 하는데도 급박함이 느껴지네요. 이런 일들이 자주 일어나나요?

(추) 유럽이나 아시아 국가에서 이런 일이 생기는 건 상상할 수 없죠. 남미 국가들이니까 가능한 이야기예요. 그래서 남미 국가의 선수를 영입할 때는 항상 조심하고 그런 일이 생기지 않게 여러 번 확인하고 여러 가지 안전 장치를 마련하죠. 하지만 아무리 대비해도 일은 또 생겨요.

(전) 다른 경우도 있어요. 한 번은 국내 구단에서 브라질 선수를 한 명 영입하기로 했어요. 일이 술술 풀려서 일주일도 되지 않아 구단과 선수가 모두 계약서에 사인을 했죠. 그런데 공항에 선수가 안 나타났어요. 이런 경우가 한두 번이 아니라서 그 사람들이 대는 핑계는 대충 알고 있어요. 부인이 아파서 못 간다, 이혼했는데 양육비 안 줘서 못 간다, 여권을 만들었는데 아직 안 나왔다 등등이죠. 그런데 이 선수의 경우는 알고 봤더니 우리와 계약을 한 후에 돈을 좀 더 준다는 다른 나라 구단과 이중 계약을 한 거죠. 이중 계약으로 소송이 걸리면 선수는 경기에 출장할 수가 없어요. 그래서 위약금 10만 달러를 받기로

▍2019년 전남 드래곤즈에 입단한 호주
청소년대표 출신 닉 안셀 선수

하고 다른 나라 구단으로 가라고 해줬죠. 근데 지금도 안 내고 있어요. 이건 못 받는 돈은 아니에요. 제가 소송하면 선수뿐 아니라 그쪽 구단도 지장이 있어요. FIFA에서는 구단이 사인한 계약을 이행하지 않으면 한 시즌 선수 영입 금지나 2부리그 강등 같은 징계를 줄 수 있어요.

㉠ 이처럼 많은 어려움이 따르는데도 국내 구단에서 브라질 선수를 많이 영입하는 이유가 있나요?

㉡ 한국 축구 시장은 선수의 연봉에 비해서 경기력이 우수한 편이라 좀 까다로운 면이 있어요. 우리 식으로 '가격 대비 퀄리티가 높다'고 표현하는데요. 국내 구단이 제시하는 연봉에 맞는 선수를 데리고 오면 경기력이 좀 부족하고, 구단이 원하는 실력을 가진 선수는 몸값이 구단에서 지불할 수 있는 것보다 비싸고요. 같은 남미 국가라 하더라도 멕시코는 선수들이 유럽으로도 가지 않아요. 자국 내에서 받는 연봉이 유럽이 제시

하는 것보다 높아서 외국으로 안 나가요. 반대로 브라질은 축구 선수 수출이 산업 수준이에요. 현재 해외에서 뛰고 있는 브라질 선수가 약 5만 명이래요. 브라질 경상수지의 30%가 축구 선수들이 벌어들이는 연봉이라는 말까지 있어요. 그만큼 큰 산업이죠. 전 세계 축구 리그가 있는 나라 중에 브라질 선수가 없는 나라는 없어요. 태국, 홍콩 리그에도 있어요. 이유는 몸값 대비 기량도 뛰어나고 여전히 브라질 국내에서 선수들이 수없이 배출되고 있기 때문이죠. 브라질이 축구 강국이라 프로팀이 엄청나게 많고 그에 따라 축구 인구 또한 많아서 유망주들이 계속 나오죠. 그래서 저비용 고효율의 우리 시장에 딱 들어맞아요.

▌브라질 2부리그에서 광주FC를 거쳐 현재 중국 청두FC에서 활약 중인 펠리페 선수

필드 밖의 플레이어
축구 에이전트

유럽 구단을 상대할 때 주의할 점이 있나요

편 유럽 구단을 상대할 때 주의할 점이 있나요?

추 영국이나 이탈리아 등 유럽은 축구 강국이 많아요. 이런 국가의 구단과 미팅을 할 때는 옷차림부터 신경 써야 해요. 정장도 잘 차려입고 시계도 좋은 걸 차고 타고 가는 차도 좋아야 해요. 그렇게 하지 않으면 협상 대상자 취급을 하지 않아요. 물론 그쪽에서 굉장히 탐나는 선수를 우리가 데리고 있으면 또 에이전트에 대한 대우는 달라지죠. 축구 경기장에 디렉터스 박스라고 스카이박스 같은 곳이 있어요. 구단 관계자들과 감독들이 모여서 경기 시작 전에 식사를 같이 해요. 그곳에 들어가려면 '드레스 코드'를 지켜야 해요. 정찬 양복에 넥타이를 매고 있어야 하죠. 유명한 일화가 있어요. 예전에 차두리 선수가 셀틱에 있을 때 옛날 스승이었던 독일 감독을 디렉터스 박스로 초청했어요. 독일 사람들은 양복을 잘 안 입어요. 그 감독도 청바지를 입고 운동화를 신고 왔다가 문 앞에서 가드에게 제지당했죠. 분명 티켓에 '셔츠 앤 타이'라는 드레스 코드가 쓰여 있는데 청바지 차림으로 왔으니 못 들어간다고요. 그 감독이 자기 청바지는 유명 디자이너 거라고 양복보다 비싼 거라고 항변했지만 결국 못 들어갔어요.

Ⓠ 유럽이라도 나라에 따라 또 조금씩 문화가 달라요. 독일에 갈 때는 편하게 입고 가지만 영국에 갈 때는 꼭 양복을 챙겨가죠.

해외 에이전트와 국내 에이전트의
역할에 차이가 있나요

[편] 해외 에이전트와 국내 에이전트의 역할에 차이가 있나요?

[전] 해외 에이전트와 우리나라 에이전트의 역할이 좀 다른 것 같아요. 해외 에이전트는 네고시에이터 negotiator, 말 그대로 협상가의 역할만 해요. 협상이 끝나면 법률적인 관계만 맺고 평상시에 얼굴을 보는 관계는 아니에요. 협상에 대한 대가만 받고 끝나는 관계죠. 그런데 우리나라 에이전트는 매니저 manager 의 역할도 해요. 예를 들어 한 선수가 고등학교 때 에이전트 계약을 하고 프로로 데뷔했다고 해봐요. 성인이 되면 친구 사이의 문제도 생기고 연애 문제, 금전적인 문제, 세금 문제, 투자 문제 등 여러 가지 문제가 발생해요. 그럴 때 에이전트와 상의를 하죠. 선수와 에이전트가 신뢰하는 관계라면 부모님한테 할 수 없는 얘기도 에이전트한테는 할 수 있어요.

선수 출신과 비선수 출신 에이전트는 어떤 차이가 있나요

(편) 선수 출신과 비선수 출신 에이전트는 차이가 있나요?

(전) 필드 경험 없이 처음 축구 에이전트를 시작하는 사람이라면 막막할 거예요. 현장에서 뛰어본 경험이 없는 사람이 축구에 관한 지식만으로 이런저런 조언을 선수에게 해줄 수는 없기 때문이에요. 저희도 선수의 퍼포먼스에 대해선 한 번도 지적하거나 충고를 해준 적이 없어요. 다만 전술적인 이해도나 경기력이 떨어진 것에 대해선 따끔하게 지적을 해주죠. 그리고 퍼포먼스 문제는 선수 출신 직원이 경기가 끝나면 디테일한 움직임에 대한 조언을 가감 없이 해주고 있어요.

반면에 선수 출신 에이전트들은 소속 선수들이 경기 후 느끼는 여러 감정이나 의견에 있어서 공감하는 것들이 상당히 뛰어날 수 있어요. 하지만 공감은 하되 그 마음을 표현하지 못한다면 무슨 소용이겠어요. 공감하는 마음을 어떻게 선수에게 전달하는가 하는 부분도 상당히 중요한데 아무래도 그런 마음을 전달하는 데는 비선수 출신이 더 잘하는 것 같아요. 선수 발굴에 있어서도 꼭 선수 출신이 좋은 선수를 발굴한다는 보

장은 없어요. 스타플레이어가 모두 좋은 축구 감독이 되지 않는 것과 똑같은 경우죠. 물론 비선수 출신들이 어린 선수의 싹을 보는 눈이 처음부터 좋을 수는 없지만 몇 가지 포인트와 반복적인 스카우팅을 통해서 향상시킬 수 있어요. 이런 부분들은 선수 출신들에 비해서 출발선이 매우 뒤에 있기 때문에 부단한 노력과 연구가 필요하죠.

축구 에이전트의 미래를 예측한다면

㉠ 축구 에이전트의 미래를 예측한다면

㉤ 축구 에이전트는 축구와 관련이 있는 직업이니까 축구의 미래와 연관이 깊다고 할 수 있어요. 먼저 국내 축구 시장의 전망은 그렇게 밝은 건 아니에요. 2002년 이후 축구의 인기는 높아졌어요. 그런데 인구가 줄고 있다는 게 축구의 미래를 좀 어둡게 하고 있어요. 인구가 줄면 시장의 크기 자체가 작아지니까요. 한 가지 다행인 건 운동을 잘하는 어린 친구들이 다른 종목보다는 축구에 먼저 발을 담근다는 거예요. 동네마다 유소년 축구팀도 많이 있어서 선수를 배출하는 시스템은 갖추고 있어요. 그렇지만 좋은 선수가 얼마나 배출될 것인가의 문제는 좀 다른데요. 아무래도 축구를 좋아하는 팬층이 많을수록 선수도 많아지고 뛰어난 기량을 가진 선수도 나올 확률이 높아요. 요즘은 인구도 줄어드는 데다 청소년들이 운동장에서 공을 차고 노는 것보다 게임을 더 좋아하니까 그들이 성인이 되었을 때 얼마나 축구장을 찾을지는 모르죠.

편 인공지능 기술이 빠르게 발전하고 있어요. 그래서 미래에는 AI가 축구 에이전트의 일을 어느 정도 수행할 거라는 예측도 있던데, 어떻게 생각하세요?

추 축구 에이전트는 '휴먼 네트워크human network'를 기반으로 한 일이라고 할 수 있어요. 사람과 사람의 연결을 통해 선수들이 이동하는 시스템이죠. 그런데 가까운 미래에 AI가 구단과 선수를 매칭해 주는 시스템으로 바뀔 수도 있어요. 그게 FIFA가 궁극적으로 원하는 거예요. 전 세계에 있는 모든 선수에 대한 정보를 온라인에 올려놓고 공개하면 선수를 찾은 구단에서 직접 선수를 고르는 시스템이죠. FIFA를 통해 전 세계 선수가 이동하니까 그 수수료는 피파가 독점하는 거죠.

넷플릭스에 〈피파 스캔들〉이라는 다큐멘터리가 있어요. 거기에 보면 피파가 전 세계 축구 시장을 어떻게 장악하고 있는지, 앞으로 어떻게 장악할지 그런 내용이 있어요. 이런 피파의 움직임에 반기를 들고 있는 게 유럽축구연맹이고요. 그래서 미래에 축구 에이전트가 어떻게 될 것인가는 아무도 몰라요. 하지만 사람을 거래하는 일에 기계적인 매칭이 꼭 성공하는 건 아니더라고요. 사람이란 생각이 있고 마음이 있는 존재니까요.

전 저희도 축구 에이전트 시장의 미래에 대해 낙관과 비관이 반반이에요. IT 기술이 발달하면서 최근에 앱이나 인터넷상의 플랫폼을 통해 구단과 구단 간, 구단과 선수 간에 직거래를 추진하는 업체들이 등장하고 있어요. 비관론자들은 얼마 지나지 않아 선수들이 앱을 통해 본인을 등록하고 이를 세계의 각 구단이 검색해서 적합한 선수를 데려오는 자동 프로세스가 이루어질 수도 있다고 보고 있어요. 그게 실현되면 에이전트가 설 땅이 없겠죠. 하지만 저희는 그러한 절차들이 그리 성공적이지 못할 것으로 예상해요. 연봉 협상이나 이적을 추진하다 보면 기계적으로 딱딱 맞아떨어지는 것들은 하나도 없어요. 선수와 구단, 구단과 구단 중간에 중재자가 끼어서 양측의 욕심과 주장을 스폰지처럼 잘 조율해야 겨우 성사가 되거든요. 그런 영역들은 기계로 절대 수치화될 수 없고 객관화되거나 계량화되기도 불가능합니다. 제가 보기에 가장 잘된 협상은 양쪽 모두 '내가 조금 밑졌는데 그리 나쁘지 않아'라고 생각이 들 때예요. 과연 AI가 사람과 사람을, 구단과 구단을 중재할 수 있을까요. 보조적인 수단이 될 수는 있겠지만 선수나 구단이 마지막 도장을 찍게 하는 것은 결국 에이전트의 몫이 될 겁니다.

이 일의 수행을 위해 갖추고 있으면
좋은 능력은 무엇이 있을까요

㉠ 이 일의 수행을 위해 갖추고 있으면 좋은 능력은 무엇이 있을까요?

㉠ 2010년 회사를 설립하고 초반에는 여러 고민이 있었는데요. 그중 하나가 외국인 선수들과 소통하는 문제였어요. 영어로 소통이 가능한 에이전트나 선수들인 경우는 큰 문제가 없었지만 다른 언어를 사용하는 에이전트나 선수들과의 교감이 문제가 되었어요. 특히 K리그 외국인 선수의 대대수를 차지하고 있는 브라질 선수나 그쪽 에이전트와의 소통이 중요한데 그 사람들은 영어도 못하고 한국어도 못하니까 답답하더라고요. 그래서 제가 독학으로 포르투갈어를 배웠어요. 그 결과 지금은 어느 정도 간단한 의사소통과 협상을 할 단계까지는 이르렀답니다. 업계에서 쓰는 용어나 문장은 대단히 한정적이기 때문에 고급언어나 완벽한 소통을 추구하기보다는 실리적인 언어 구사 능력에 초점을 맞추면 한결 언어 습득이 쉬워요. 에이전트가 외국 선수를 영입할 때 그 나라의 언어를 알고 있으면 굉장한 이점이 있어요.

선수 생활이 성공적이지 못한 선수들에게는 어떤 진로를 조언하나요?

Ⓟ 모든 축구 선수가 성공할 수는 없잖아요. 실력이 부족해서 또는 어쩔 수 없는 사정으로 선수 생활이 어렵게 된 선수들에게는 어떤 진로를 조언하나요?

Ⓙ 한국 선수들 중에 태국이나 베트남, 홍콩 등 동남아 리그에 진출하는 선수가 꽤 많이 있어요. 요즘엔 고등학교를 졸업하고 바로 프로에 진출하거나 그렇지 못하면 대학에 가서 좀더 실력을 닦은 후에 프로에 진입해요. 그런데 대학에서 프로에 진출하지 못했거나 프로에서 일찍 선수 생활을 끝낸 선수들이 있어요. 이런 선수들이 동남아 리그에 많이 진출해요. 우리나라 축구 선수는 대부분 엘리트 스포츠 교육을 받고 자라잖아요. 어렸을 때부터 축구 선수만 할 수 있는 구조이다 보니 축구를 관두면 할 수 있는 일이 없어요. 근데 내 아들이라고 생각해봐요. 23살 선수가 K 2부 리그에서 주전으로 뛰지 못해요. 2부 리그에서 주전으로 뛰지 못한다는 말은 이 선수는 프로 축구 선수로 성공할 수 있는 잠재력이 거의 없다는 거예요. 그런데 6살 때부터 23살이 될 때까지 축구만 해 온 이 선수와

평생 아들을 뒷바라지한 부모의 입장에서는 축구를 내려놓기가 쉽지 않죠. 저희는 이런 선수들의 경우 부모를 만나 축구를 관두라고 조언해요. 그러면 선수와 부모는 모두 굉장히 기분 나빠하고 좌절도 하죠. 근데 저는 선수가 처한 상황을 정확하게 이야기해 줘야 하는 것도 저희의 일이라고 생각해요.

㉮ 저도 빨리 관두고 다른 일을 찾든가 축구 쪽으로 일을 하고 싶다면 준비하라고 말해주죠. 당장 축구를 관두지 않더라도 다른 걸 할 수 있는 준비를 하라고요. 에이전트가 되고 싶으면 영어를 배우고, 피지컬 테라피스트가 되고 싶으면 마사지 기술을 배우든지, 아니면 피지컬 트레이너가 되는 공부를 하든지. 축구로 자신이 원하는 레벨의 선수가 되기 힘들다면 다른 길을 찾는 게 맞다고 생각해요. 하지만 그런 선수들의 경우 '우리 감독이 나를 안 써줘서, 우리 구단이 나를 못 알아봐서, 딴 데 가면 더 잘할 수 있을 것 같은데.' 이런 불만을 가지고 있어요. 뭐 100명에 한 명 정도 실제로 그런 경우도 있기는 해요. 늦게 피어나는 선수도 분명 있거든요. 그런데 100에 99명은 아니에요. 그럴만한 재능이 없는 거예요. 안타깝게도 예체능은 노력보다도 재능이 더 중요하더라고요. 아무리 노력해도 타고난 재능을 가진 사람을 따라갈 수가 없어요. 저희 회사에 있는 선수들 중에도 열정은 있지만 재능이 없는 선수가 있

죠. 저희의 조언을 받아들인 선수들 중에는 프로 구단의 전력 분석관으로 일하고, 선수들 관리하면서 계약을 맡아 하고, 피티 트레이너가 된 경우도 있어요. 이렇게 잘 안되는 선수들을 보고 있으면 안타깝지만 현실은 현실입니다.

에이전트로서 계약한 선수들과의 관계에서 주의해야 할 것이 있나요

(편) 에이전트로서 계약한 선수들과의 관계에서 주의해야 할 것이 있나요?

(추) 제가 후배 에이전트들에게 하는 말이 있어요. 남의 인생으로 장난치지 말라고요. 에이전트는 선수의 커리어와 함께 하는 사람인데 돈이 욕심나서, 당장 눈앞에 보이는 이익이 탐나서 선수의 인생을 가지고 장난치기 정말 쉽거든요. 에이전트가 제일 명심해야 할 게 이 일은 남의 인생을 다루는 일이라는 거예요. 나한테는 하나의 일이지만 그 선수에게는 자기 인생이 달린 문제이기 때문에 그걸 가지고 장난을 치면 안 돼죠.

그리고 선수와 충돌이 생길 때도 있어요. 에이전트가 봤을 때는 이게 틀림없이 이 선수에게 이익인데 선수가 생각하기에는 아니라고 할 때가 있어요. 그러면 서로 의견이 충돌하게 되는 거죠. 그럴 때 서로의 생각을 잘 조율해야 하는 어려움이 있어요. 조율이 잘 되면 계속 함께 하는 거지만 의견이 안 맞아서 결국은 떠나는 선수들도 생기게 마련이거든요. 떠났다가도 결론적으로 제 이야기가 맞다고 돌아오는 선수들도 있고요.

저희 선수가 40명 정도 되는데 다른 데 가서 제가 아들 40명이 있다고 말해요. 잘 되는 아들은 그냥 놔둬도 잘 돼요. 근데 어려운 애들은 마음은 아픈데 어떻게 도와줄 방법은 없고 참 고민이 많아요.

🔵 에이전트와 선수의 관계에서 오는 어려움도 좀 있어요. 어떻게 보면 선수가 갑이고 에이전트는 을이에요. 저희는 늘 동등하다고 생각하고 있고 저희 의견을 숨김없이 정확히 전달하는 입장이고요. 그런데 선수 중에는 구단 측 사람이나 감독에게는 친절하고 예의바르게 대하면서 에이전트한테는 함부로 하는 선수들이 있어요. 에이전트는 나를 관리해주고 나 때문에 먹고 사는 사람이니까 그렇게 해도 된다고 생각하더라고요. 그런 선수들을 만나면 이제 충돌이 심해지죠. 특히 이적할 때 충돌하는 일이 생기는데요. 유럽에 진출할 실력이 안 되는데 저희에게 가게 해달라고 요청하는 경우가 그래요. 사실 선수의 기량이 조금 모자라더라도 에이전트가 조정할 수 있는 부분이 있기는 해요. 하지만 그것도 한계가 있죠. 우리 쪽에서 이 선수의 실력을 부풀려서 계약을 하는 데 성공했다고 하더라도 그 팀에 가서 실력이 그만큼 되지 않는다는 게 드러나면 계약 해지를 당하거나 계약이 종료되었을 때 재계약이 안

될 경우가 있어요. 그러면 선수의 커리어에 문제가 생기고 결과가 좋지 않게 되는 거죠. 이렇게 눈은 높은데 실력이 뒷받침되지 않는 선수들이 요청하면 저희도 모든 관계를 동원해서 접촉하고 성사시키려고 노력해요. 그리고 노력했던 과정을 다 공개해요. 그래도 수긍하지 않는 선수라면 오래 함께 하기는 어렵더라고요.

㉠ 예를 들어 이런 거예요. 어떤 선수에 대한 시장의 평가는 연봉 5억이에요. 그런데 선수는 10억을 받고 싶어 해요. 협상을 잘하면 7억 5천까지는 올려볼 수 있어요. 그런데 선수가 죽어도 10억을 받겠다고 고집을 피우면 상대 구단에게 전달은 하죠. 상대방 카운터 파트는 말도 안 되는 소리라고 하면서 거절하고 협상은 결렬되죠. 그래서 타협안을 제시하고 이 과정을 모두 얘기했는데도 이해를 못 하겠다는 선수와는 오래 갈 수가 없죠. 이런 선수들의 경우는 중간에서 애를 쓴 저희한테 미안한 마음도 없어요. 인간적인 배려가 부족하죠. 이런 일이 있으면 좀 마음이 좋지 않아요. 저희는 '너의 시장 평가는 이거다'고 선수들에게 솔직하게 말해요. 내 자식이니까. 그걸 이해하면 함께 가는 거고 아니면 헤어지는 거죠.

FOOTBALL AGENT

축구 에이전트가
되려면

축구 에이전트가 되려면 어떤 자질이 필요할까요

편 축구 에이전트가 되려면 어떤 자질이 필요할까요?

전 제일 중요한 것은 선수와의 공감 능력이에요. 아플 때 같이 아파해주고 힘들 때 같이 힘들어할 줄 아는 게 공감 능력이죠. "많이 힘들겠다, 많이 아팠겠다"고 말해주는 게 어려울 게 뭐 있냐고 할 수 있어요. 하지만 선수들과 있어 보면 그렇게 쉽지 않다는 걸 바로 알 수 있어요. 필드에서 땀 흘려 뛰는 선

▌이영표 전 강원 FC 이사, 미국 MLS 대리인들과 함께 한 전용준 대표

수들은 상대방의 말과 감정이 진짜인지 거짓인지 금방 느끼거든요. 그래서 형식적인 말로 위로했다가는 오히려 신뢰를 잃어버릴 수 있어요.

선수들과 소통하려면 먼저 선수들의 경기를 빠짐없이 봐야 해요. 경기장에 직접 가서 보든 TV로 경기를 시청하든 꾸준히 선수 경기를 모니터링한 다음에 선수들과 대화를 해야죠. 만나서 얘기하면 더 좋지만 그럴 상황이 아니라면 통화로 얘기를 나눠요. 오늘 경기는 어땠는지, 좀 힘들어 보이던데 컨디션은 괜찮은지, 경기를 잘했으면 칭찬하고 실수했으면 위로도 하고요. 이렇게 자주 선수들과 접촉해야 선수들의 고충을 이해할 수 있고 같은 강도의 통증도, 기쁨도 느낄 수 있어요. 이런 케미가 이루어지면 우선은 에이전트로서 90% 이상의 능력을 가졌다고 할 수 있죠.

이 직업을 수행하기 위해
어떤 성격이면 더 좋을까요

편 이 직업을 수행하기 위해 어떤 성격이면 더 좋을까요?

전 사교성이 있으면 좋아요. 에이전트는 사람과 사람을 연결해주는 직업이에요. 선수가 우리와 계약할 수 있도록 설명하고 설득할 수 있어야 하고, 구단 측에 선수를 이해시켜야 하죠. 그러려면 언어능력도 중요하지만 그것보다 더 중요한 건 친근하면서도 믿음을 주는 자세 같아요. 인간적인 매력이라고 표현할 수도 있겠네요. 에이전트는 선수들과 오랫동안 함께 가는 관계잖아요. 처음에야 기능적인 면이 도움이 될 수 있겠지만 시간이 지나고 관계가 깊어질수록 서로 인간적으로 좋아져야 계약도 지속되고 관계가 오래 가거든요.

추 선수들은 다른 사람들한테 하지 못하는 이야기를 에이전트에게 많이 해요. 자신들이 어려움에 처한 이야기를 거리낌 없이 상담할 수 있어야 해요. 이 선수가 지금 원하는 게 뭔지 충분히 이해하지 못하면 정말 원하는 걸 해줄 수가 없어요. 그렇게 충분히 소통하는 관계를 만들어가는 과정이 중요한데요. 인간적인 유대감이나 신뢰가 없으면 사무적인 관계가 되기 쉽죠. 예를 들어 한 선수가 구단으로부터 10억을 받아달라고 요청을 했다면 에이전트는 지금 있는 구단에서 10억을 받아달라는 건지, 10억을 줄 수 있는 구단으로 가고 싶다는 건지, 아니면 10억은 받지 않더라도 다른 구단으로 가고 싶다는 건지 정확한 의사를 확인해야 해요. 또 구단 측에 10억을 달라고 억지를 부렸는데도 협상이 안 됐을 경우 이 선수가 그 결과를 받아들일 건지도 판단을 해야 하죠. 선수에게는 에이전트가 선수의 의지를 100% 반영해서 협상을 해줄 거라는 신뢰가 없으면 이 관계는 무너져요.

전 특히 스타가 된 선수들은 많이 외로워요. 말실수를 하면 공론화되어서 문제가 되고, 어디에 모습을 드러내면 루머가 돌고 이런 식이죠. 그러니까 말과 행동을 얼마나 조심해야 하겠어요. 이런 선수들은 자신들의 속마음이나 하고 싶은 것들을 시원하게 드러내놓을 수가 없어요. 많이 외롭고 힘들죠. 그럴 때 에이전트가 선수들의 이야기를 들어주며 선수들이 쉬어갈 수 있는 역할을 해야 해요. 선수들이 청소년 때는 부모한테 투정 부리면 다 풀리지만 성인이 되고 나서는 편안하게 마음을 터놓는 멘토 같은 사람이 필요하잖아요. 예를 들어 종교적으로 고해성사를 하면 마음이 편해지듯이 선수들에게는 비밀이 보장되면서도 절대적으로 자기편을 들어주는 그런 존재가

▌기성용 선수의 100경기 국가대표 출전 기념식(센츄리클럽 가입)

필요해요. 그래서 에이전트는 선수들의 멘토이고 울타리가 되어주어야 한다고 생각해요.

㉠ 그런 의미에서 에이전트는 공감능력도 필요하겠어요.
㉡ 그렇죠. 선수가 겪는 고충은 고충대로 자기 일처럼 받아안고 같이 고민해야 하고, 분노할 때는 같이 분노하고, 기뻐

할 때는 같이 기뻐해야 하니까요. 이렇게 선수들이 에이전트를 믿고 가장 내밀한 이야기를 편하게 하면 스트레스도 줄고 걱정도 많이 사라져요. 그런데 비밀을 털어놓고 감정을 쏟아내는 선수는 마음이 가벼워지겠지만 이런 이야기를 듣는 에이전트는 마음이 좀 무거워지죠. 선수들의 상황을 정확하게 알게 된 것은 좋지만 그걸 다 받아줘야 하고 때로는 비밀도 지켜줘야 하니까요. 그리고 이렇게 아들 같은 선수들이 30, 40명이 된다고 생각해 보세요. 좀 힘든 일이죠.

전 저는 적당한 공감 능력으로는 부족하다고 봐요. 탁월한 공감 능력이 필요하죠. 어려서부터 축구 한 가지만 열심히 하는 엘리트 교육을 받은 축구 선수들은 보통 사람들하고 다른 점들이 있어요. 에이전트는 이런 선수들의 성향과 특징을 이해하고 충분히 수용할 수 있는 경험이 있어야 자연스럽게 공감할 수 있어요. 그래서 대학을 막 졸업하고 바로 에이전트가 되겠다는 청년들에게 수련 기간이 필요하다고 얘기해요. 물론 20대에도 FIFA 에이전트 시험을 봐서 라이선스를 따면 에이전트 일을 할 수 있어요. 그런데 이 일이 라이선스만 있다고 할 수 있는 일은 아니에요. 성공적인 에이전트가 되려면 청년기에 큰 조직 안에서 집중적인 훈련을 받아보는 게 좋을 것 같아요. 꼭 축구 관련된 분야가 아니더라도 조직 사회를 경험하며 사회생활을 해보는 걸 추천해요. 축구 에이전트는 축구에 대한 열정보다는 사람에 대한 열정이 필요한 일이죠.

㈜ 그리고 사람을 보는 눈이 있어야 해요. 어떤 선수가 잠재력이 있고 어떤 선수는 성장이 어려운지 평가하는 눈이 있어야 하는데 이것도 일종의 재능이죠. 이렇게 평가하는 능력은 공부한다고 되는 건 아니더라고요. 최고의 전성기를 누린 축구 선수였는데 이 선수들이 다 좋은 감독이 안 되는 이유가 있어요. 자기가 축구를 잘하는 것과 지도자로서 선수를 평가하는 것은 다른 재능이기 때문이에요. 에이전트도 선수의 경기력을 객관적으로 평가하고 잠재력이 어느 정도일지 판단하는 능력이 필요해요.

그리고 선수 출신이 아닌 경우라면 선수를 발굴할 수 있는 스카우팅 능력이 필요해요. 전 세계에 있는 리그의 특징과 축구계의 동향을 파악하는 것도 중요해요. 어떤 나라의 선수들이 주목받고 있고, 그 선수들이 어떤 경로로 이적하는지 눈여겨보면서 흐름을 익히면 더 좋고요.

외국어 능력이 필요한가요

(편) 이 일을 하기 위해 어떤 외국어를 배우면 좋을까요?

(전) 영어는 잘해야 해요. 전 세계 나라의 에이전트는 기본적으로 영어로 의사소통을 할 줄 알아요. 협상할 때는 선수에 대한 정보와 의견을 자세히 나누는데요, 선수의 포지셔닝과 경기력에 대한 대화를 충분히 나눌 수 있는 실력은 갖추고 있어야죠. 특히 큰돈이 오고 가는 협상인 만큼 완벽한 의사소통을 해야 하고요. 영어를 못하고서는 해외 에이전트와 연계해서 일을 할수 없어요. 국내에서만 에이전트를 하면 되지 않을까 생각할 수도 있어요. 그런데 K리그를 보세요. 외국인 선수도 많고 우리나라 선수가 외국에 진출한 경우도 많아요. 순수하게 국내에서 이동하는 선수들만을 상대로 에이전트를 한다면 시장이 그만큼 작아져서 먹고 살기 힘들 수도 있어요. 그래서 에이전트에게 언어는 좋은 무기와 같아요. 외국어를 잘하면 남들보다 출발점이 훨씬 앞에 있을 거예요.

(추) 맞아요. 실무를 하기 위해 가장 중요한 것은 언어능력이에요. 외국어 중에서도 영어는 기본으로 할 수 있어야 해요. 꽤 많은 우리 축구 선수들이 외국 구단에 나가 있어요. 이렇게 국

제 이적을 하는 톱클래스 선수를 대리하는 에이전트라면 언어 능력이 매우 중요하죠. 구단이나 현지 에이전트와 접촉할 때 통역 없이 직접 의사소통을 했을 때 더욱 정확한 정보를 알 수 있고 이적의 가능성도 높아져요.

미래는 번역기도 좋아지고 챗 GPT 같은 것도 있어서 언어 문제가 거의 사라질 거라고 하는데 언어가 뜻만 통하는 게 전부는 아니에요. 사람과 사람이 만나 마음을 움직여야 하는 직업이기 때문에 그 나라 언어로 이야기를 하는 게 중요해요. 제가 만났던 유대인 에이전트가 있는데 할아버지가 이런 얘기를 해주셨대요. "네가 어떤 물건을 사는 사람의 입장이면 그 사람이 하는 언어를 하지 않아도 된다. 그런데 네가 그 사람한테 어떤 물건을 파는 입장이면 그 사람의 언어를 할 줄 모르면 안 된다."는 말씀이었어요. 이게 되게 중요한 이야기인 거 같아요.

편) 영어 외에 다른 언어도 공부하면 좋을까요?

추) 관리하는 선수들이 다양해질수록 더욱 많은 나라에 진출할 가능성이 높아지므로 다양한 언어를 구사하면 더 좋아요. J리그는 한때 한국 선수들 이적의 요람이었어요. 덕분에 일본어를 구사하는 에이전트들이 많은 가산점을 받았죠. 최근엔 J리그에 아시아쿼터가 없어지면서 그 가치가 많이 떨어졌지만요.

▌2017년 일본프로축구 가시와 레이솔에 입단한 김보경 선수

🔍 전 국내 프로축구에서 외국인 선수의 대다수를 차지하고 있는 브라질 선수들이 쓰는 포르투갈어를 배워두면 좋아요. 저는 브라질 선수들을 영입하느라 포르투갈어를 독학으로 공부했는데요. 프랑스어를 전공해서 혼자 공부할 수 있었죠. 일상

적인 대화는 조금밖에 못하고 협상할 때 사용하는 단어와 문장은 잘해요. 이게 일을 하기 위해서 공부한 거라 필요한 말만 우선 배워서 그렇게 되었어요. 제가 일본 J리그 구단에 브라질 선수의 이적 문제로 가면 일본어를 못해도 협상하는데 불편한 게 없어요. 구단에서 포르투갈어 통역을 부르면 일본어를 하지 못해도 의사소통이 되니까요. 그래서 언어를 여러 가지 할 수 있으면 좋아요. 완벽하게 할 필요는 없어요. 협상할 정도의 실력만 갖추면 되니까요. 그러면 에이전트로서 꽤 매력적인 사람이 될 가능성이 높아요.

축 축구에서 중요한 언어는 영어, 포르투갈어, 그리고 스페인어예요. 남미는 브라질만 포르투갈어를 쓰고 나머지 국가는 다 스페인어를 사용해요. 요즘엔 유럽이나 아시아나 남미 선수들이 많이 진출했기 때문에 스페인어와 포르투갈어를 할 줄 알면 유리한 지점이 있죠. 전에 잠깐 중국 축구가 반짝했을 때가 있었어요. 그때는 중국어를 할 줄 알면 큰 도움이 됐었는데 지금은 중국 축구가 저물어서 그다지 쓸모가 없게 되었어요.

어떤 경험을 쌓으면 좋을까요

편 어떤 경험을 쌓으면 좋을까요?

추 에이전트는 사람을 상대하는 직업이에요. 여러 부류의 사람을 만나는데 늘 계약과 같은 일 얘기만 할 수는 없잖아요. 상대방과 친해지는 시간도 필요하고요. 그래서 대화의 폭이 넓다면 더 좋겠죠. 대화의 지평을 넓히기 위해 평소에 책을 가까이하라는 말을 해주고 싶어요. 독서는 큰돈을 들이지 않고 가장 빠른 시간에 간접경험을 할 수 있는 방법이거든요. 각자 개성이 다른 선수들을 만나서 그들과 대화하고 그들의 상태를 이해하려면 이런 간접경험이 상당히 중요해요. 물론 여행이나 여러 활동을 통해 다양한 군상들을 직접 대면할 수도 있지만 여기엔 한계가 있어요. 독서는 그런 경험의 한계가 없으니까 충분히 활용했으면 좋겠어요.

전 이 직업은 한 분야에 대한 전문적인 지식보다는 얕지만 넓게 아는 게 중요하다고 생각해요. 그래야 선수나 구단으로부터 어떤 요청이 들어왔을 때 답을 해줄 수 있다고 봐요. 협상을 하다 보면 상투적인 숫자놀음이 아니라 매우 창조적인 아이디어가 필요한 경우가 의외로 많습니다. 그리고 다양한 분야의 책을 보는 게 마음을 가볍게 전환시켜주기도 하고요. 저는 비행기를 타고 여행하는 시간이 기니까 그런 때 손에 잡히는 대로 책을 읽어요. 조정래, 천명관, 성석제 작가를 좋아해서 챙겨서 읽고요. 이 작가들은 다른 사람들이 편안하게 하지 못하는 이야기를 기발하게 썼더라고요. 읽으면서 역시 이야기꾼들이 다르구나, 이런 표현을 할 수 있다니 감탄하곤 하죠. 일본 소설도 잘 보지만 아무래도 번역된 책을 읽으면 언어의 뉘앙스나 표현의 미묘한 차이를 느낄 수 없어서 좀 거리감이 있어요. 그래서 우리 소설이 더 좋더라고요.

㊎ 저는 어릴 때부터 수없이 많은 책을 읽었어요. 독서량에 있어서는 남들보다 적은 편이 아닌데 항상 가장 감명 깊게 읽은 책을 이야기하려면 〈플란다스의 개〉밖에 생각나지 않더라고요. 저는 역사 관련 서적도 많이 읽어요. 〈삼국지〉는 한 100번은 읽은 것 같아요. 그리고 〈로마인 이야기〉를 재미있게 읽었는데요. 유럽을 이해하려면 로마의 역사를 알아야 하더라고요. 문화도 그렇고요.

에이전트라는 직업을
간접 체험할 수 있는 방법이 있다면

(편) 에이전트라는 직업을 간접 체험할 수 있는 방법으로 무엇이 있을까요?

(추) 저는 게임을 추천해요. 〈FM^{Football manager}〉이라는 게임이 있는데요. 이 게임은 축구 감독이 되어서 자신이 구단을 이끄는 축구 시뮬레이션 게임이에요. 게임을 시작할 때 내가 원하는 축구 감독을 선임하고 원하는 구단을 선택할 수 있어요. 유명한 축구 강팀을 선택해 스타플레이어들의 화려한 경기를 펼칠 수도 있고, 약팀을 선택해 매 경기마다 성장하는 게임을 할 수도 있어요. 진짜 축구 감독처럼 선수들을 훈련시키고 감독이 짠 전술대로 경기를 펼치죠. 여기까지는 축구 감독을 꿈꾸는 친구들에게 더 흥미로운 내용인데요. 스카우트를 하는 부분에 가면 에이전트와 협상하는 과정이 있어요. 선수의 연봉은 얼마고 계약기간은 어떻게 하고 어떤 보너스를 넣고 뺄 것인지 현실과 매우 비슷해요. 또 스카우트를 할 때 무조건 경기력이 좋은 선수, 비싼 선수가 아니라 구단에 꼭 필요한 선수를 찾는 과정도 있어요. 이런 부분은 실제로 에이전트가 하는 일

과 비슷해요. 축구 에이전트에 관심이 있는 친구들은 이 게임을 해보면 좋을 것 같아요. 단, 너무 게임에 빠지지는 말고요.

유리한 전공이 있을까요

㉠ 어떤 전공이 유리할까요?

㉢ 선수 에이전트가 되는 데 특별히 유리한 전공은 없어요. 현재 활발히 활동 중인 에이전트들의 전공만 보더라도 각양각색이라 전공의 숙련도가 필요한 직군은 아니에요. 어학의 중요성을 고려해 볼 때 어학 관련 전공이 조금은 더 도움이 될 수 있겠죠. 하지만 일단 대학을 졸업하자마자 에이전트를 한다는 것이 그리 쉽지 않기 때문에 스포츠 관련 단체에서 경력을 쌓는 게 중요해요. 그러려면 스포츠 관련 전공자가 다소 유리할 수 있어요. 요즘 대학에는 스포츠와 관련한 다양한 학과가 개설되어 있더라고요. 체육학과, 체육교육과를 비롯하여 스포츠경영학과, 스포츠건강관리학과, 스포츠레저학과, 생활체육학과, 스포츠지도학과 등 여러 학과가 있으니 관심 있는 분야를 선택해 공부해 보는 게 좋겠어요. 이 밖에도 축구와 직접 연관된 학과들도 있어요. FIFA 에이전트는 축구 분야에 한정되어 있으니까 축구를 중심에 두고 전공을 선택하는 것도 한 방법이겠죠.

스포츠 관련해서 어떤 경력을 쌓으면 좋을까요

(편) 스포츠 관련해서 어떤 경력을 쌓으면 좋을까요?

(전) 현재 활동하고 있는 에이전트들을 보면 축구 선수나 축구 기자, 축구단 구단 직원, 외국인 선수 통역 등 축구 관련 종사자 출신이 주류를 이루고 있어요. 이 사람들을 통해서도 알 수 있듯이 에이전트가 되려면 축구 분야에서 충분히 경력을 쌓아야 한다는 거예요. 그래서 대한축구협회(KFA)와 한국프로축구연맹, K리그 각 구단 등 축구 관련 단체에서 일을 하며 경험을 쌓는 게 중요해요. KFA에서는 해마다 인턴기자를 뽑고, 한국프로축구연맹도 인턴사원을 공개채용하고 있어요. 구단들과 축구 유관 단체들도 인턴 제도를 운영하고 있으니 적극적으로 활용해 보는 게 좋겠어요.

또 무엇을 어떻게 시작해야 할지 모르는 청년들을 위한 직무간 훈련(OJT) 과정도 참여해 보면 좋지요. 국민체육공단(KSPO)은 스포츠 분야로 취업을 준비 중인 취준생들의 역량 강화를 위해 "체육인재육성사업 직무간훈련(OJT) 과정"을 열고 있고, 프로스포츠 인턴십 프로그램도 있고요. 스포츠 분야도 다양한 진로가 있는데 이런 과정을 통해 자신의 적성과 역량을 테스트 해 볼 수 있는 거죠. 이렇게 유관 단체나 직업에 대한 꾸준한 탐색과 접근을 시도하다 보면 에이전트에 가까이 다가갈 수 있을 거예요.

한국프로축구연맹 인턴사원 공개채용 모집요강

(사)한국프로축구연맹은 프로스포츠 분야 종사 희망자의 역량 강화 및 실무경험 제공을 위한 인턴십 프로그램을 진행합니다. 이와 관련하여 인턴사원 채용을 아래와 같이 공고하오니, 관심있는 분들의 많은 지원을 바랍니다.

1. 소개

○ 본 채용은 한국프로스포츠협회의 '프로스포츠 인턴십 프로그램'의 일환으로 진행되며, 문화체육관광부와 국민체육진흥공단의 재정 지원을 받습니다.

2. 채용분야 및 응시자격

유형	분야	근무부서	인원	응시자격(요건)	임용신분
인턴	사무행정 보조	미정	0명	· 4년제 대학 이상 졸업자 및 졸업예정자·유예자(전공무관) · 영어 어학성적: 아래 하나의 시험 기준에 해당하는 사람 · 영어 커뮤니케이션 가능자 · MS OFFICE 활용 능숙자 · 2023년 3월 ~ 8월까지 최소 6개월 이상 근무 가능한 자	계약직

※ 공통자격

· 연맹은 직무 특성상 해외자료 조사 및 외국기관과의 업무연락 등 전 분야에서 영어를 활용하고 있어 해당 직무 능력을 평가하기 위해 입사지원 시 영어성적을 제출받고 있습니다.
· 영어 어학성적: 정기시험으로 다음 시험기준에 해당하는 사람

구분	TOEIC	TEPS	TOEFL		G-TELP LEVEL2	FLEX	OPIC	TOEIC SPEAKING	TEPS SPEAKING
			PBT	IBT					
성적	780점 이상	380점 이상	561점 이상	83점 이상	73점 이상	690점 이상	IM2 이상	140점 이상	61점 이상

*접수일 기준, 2년 이내의 성적만 인정되며, 접수시점에서 해당 어학성적을 취득한 상태여야 함.
*학사 이상의 해외학위 소지자는 어학성적 면제 가능하나 가급적 제출 요망
· 병역필 또는 면제자로서, 해외여행에 결격 사유가 없는 자
· 국가공무원법 제 33조에 의한 결격사유가 없는 자
· 아래 조건에 해당하는 자는 지원이 불가합니다.
  - 한국프로축구연맹의 사업주와 직계비속, 형제·자매 등 특수 관계에 있는 자
  - 타 인턴지원 사업에 참여중인 자 또는 병역법에 의한 특례근무 중인 자

- 한국프로축구연맹 소속으로 '프로스포츠 인턴십 프로그램(2018~2023)'에 참여한 자
- 타 프로스포츠 단체 및 구단 소속으로 '2023년 프로스포츠 인턴십 프로그램'에 참여한 자

3. 근무조건

임용신분	급여	복리후생	근무지	근무시간
계약직 (6개월)	月 202만원 (세전)	4대 보험 월차 제공	서울시 종로구 경희궁길 46 축구회관 5층	주 5일(월~금) 40시간 08:00~17:00

4. 전형절차 및 일정

○ 채용방법 : 공개채용
○ 공고 및 접수기간 : '23년 2월 07일(화) ~ 23년 2월 16일(목), 24:00 정시 마감
○ 전형절차

1차 전형	2차 전형
서류심사	임원/실무 면접

○ 전형일정

구분	절차	채용일정	비고
1	모집공고 및 서류접수	'23.02.07(화)~23.02.16(목)	이메일 접수 (recruit@kleague.com)
2	1차전형(서류심사)	'23.02.17(금)	채점기준에 의거한 서류평가
3	1차전형 합격자 발표	'23.02.20(월)	홈페이지 공고 및 합격자 개별연락
4	2차전형(면접심사)	'23.02.21(화)~23.02.24(금)	임원/실무 면접 진행
5	최종합격자 발표	'23.02.27(금)	홈페이지 공고 및 합격자 개별연락
6	임용예정일	'23.03.02(목)	-

*상기 일정은 회사 사정 또는 향후 진행 상황에 따라 변경될 수 있습니다.

5. 제출서류

① 입사지원서 - 공통양식 (미사용 시 접수 불가)
· 입사지원서 상에 본인이 해당 되는 모든 항목은 빠짐없이, 정확히 작성 요망
② 자기소개서 - 공통양식
③ 경력기술서 - 공통양식 (해당 시)
④ 개인정보 수집 및 활용 동의서 - 공통양식
· 지원자는 '개인정보 수집, 이용, 제3자 제공 동의서'를 작성하여 제출하여야 합니다.

⑤ 증빙자료 - 추후 서류전형 합격자만 별도 제출
- 최종학교 졸업(예정)증명서 및 성적증명서
- 유효한 외국어시험성적 사본 (접수일 기준, 2년 이내의 성적)
- 경력증명서 (경력증명서 미제출 시, 해당 경력 불인정, 아르바이트, 프리랜서 경력 등은 불인정)
- 기타 자격증 사본 또는 포트폴리오 등 참고 자료

6. 입사지원서 접수

○ 입사지원서는 홈페이지(www.kleague.com)에서 지정된 양식을 다운받아 작성
○ 이메일(recruit@kleague.com) 또는 취업포털사이트(사람인, 인크루트, 잡코리아)를 통해서만 접수
○ 우편 또는 방문접수 불가
○ 접수기간 : '23년 2월 07일(화) ~ 23년 2월 16일(목) (기간 내 24시간 온라인 접수 가능)
○ 이메일 제목 및 파일명은 반드시 아래 예시와 같이 기입할 것
   예) [한국프로축구연맹-인턴] ○○○ 입사지원서

7. 기타사항

○ 제출된 지원서는 본 채용 목적 외에는 사용되지 않으며, 제출서류는 채용 여부와 관계없이 180일간 보관됩니다.
○ 응시원서 등에 허위기재 또는 기재착오, 구비서류 미제출 등으로 인한 불이익은 응시자 본인의 책임으로 하며, 최종 제출한 응시원서는 수정할 수 없습니다.
○ 최종합격 이후에도 아래 사항에 해당하는 경우 합격이 취소될 수 있습니다.
- 입사지원서 작성내용이나 제출서류가 허위 또는 위조임이 판명, 고의로 누락 또는 추가 사항이 확인되는 경우
- 응시자격 미달자로 판명될 경우
- 본인의 귀책사유로 입사일 이후 근무가 불가한 경우
- 신체검사에서 불합격 판정을 받거나 임용 결격사유가 발견될 경우
○ 최종 전형결과 적격자가 없는 것으로 판단될 경우, 선발하지 아니 할 수 있습니다.

8. 문의

○ 이메일 : recruit@kleague.com

2023. 2. 07.

사 단 법 인   한 국 프 로 축 구 연 맹   총 재

축구 에이전트 자격증은
어떻게 취득할 수 있나요

편 축구 에이전트 자격증은 어떻게 취득할 수 있나요?

전 앞에서 얘기했던 대로 2014년까지는 축구 에이전트로 활약하기 위해선 FIFA가 주관하는 에이전트 자격시험에 합격해야 했어요. 저는 2010년 시험을 통과해서 FIFA에서 라이선스를 받았죠. 시험은 1년에 한 번으로 프로축구연맹규정, FIFA 규정, 민법, 축구협회 정관에 관한 문제가 나왔고 20개 중 14개 이상을 맞추면 자격증이 부여되었죠. 그때는 이적이나 훈련 보상금 등과 관련한 수학적인 계산 문제를 필두로 상당히 시험 난이도가 높았어요. 추연구 대표가 응시한 2007년에는 139명 응시자 중 추 대표가 혼자 합격했을 정도로 난이도가 최상이었죠. 하지만 2015년에 시험이 폐지되고 각국 협회의 허가만 받으면 되는 중개인제도가 생기자 이번엔 전 세계적으로 너무 많은 사람이 중개인으로 나서면서 온갖 부작용이 커졌어요. 이에 FIFA는 2023년부터 다시 시험제도로 전환한다고 발표했죠. 사실상 중개인제도가 실패했다는 걸 인정한 셈이에요. 2023년부터 시행되는 새 제도에 따르면 기존에 FIFA 시험을 통해 자격증을 가지고 있는 사람은 재갱신만 하면 되지만, 자격증이 없는 사람들은 시험을 통과해 공인 자격증을 얻어야 활동을 할 수 있어요. 앞으로 어떤 변화가 있을지 모르겠지만 시험제도가 쉽게 없어지지는 않을 것 같아요.

FOOTBALL AGENT

축구 에이전트가
되면

에이전트 한 명이 몇 명의 선수를
맡을 수 있나요

㉠ 에이전트 한 명이 몇 명의 선수를 맡을 수 있나요?

㉡ 그건 에이전트의 능력에 따라 다를 수 있어요. 하지만 에이전트에게 요구되는 여러 역할을 생각했을 때 한 사람이 관리할 수 있는 선수가 무한대로 늘어나기는 어려워요. 저희 회사 같은 경우는 4명의 스태프가 대략 외국인 포함, 40명 남짓한 선수들을 관리하고 있어요. 직원 한 명이 약 10명의 선수를 관리하는 셈이죠. 이전에는 30명 안팎이었는데 최근에 어린 선수 위주로 영입을 시도해서 외연이 많이 확장되었어요. 30명일 때보다 40명으로 늘어나면 아무래도 선수들을 경기장에서 보는 횟수도 줄고 전화로 이야기를 나누는 횟수도 좀 줄어드는 게 사실이에요.

에이전트는 업무의 특성상 선수와 밀접하게 접촉하는 게 상당히 중요해요. 서로 가족처럼 허물없이 이야기하는 속에서 경기력에 대한 고민도 나누고, 부모님에게도 쉽게 꺼내지 못하고 마음속에 담아두었던 이야기를 양파 껍질 벗기듯 하나하나 꺼내놓을 수 있거든요. 그런 내면의 이야기를 들으며 에이전트는 선수의 마음을 헤아릴 수 있게 되고요. 에이전트와 대화를 나누며 선수들이 편안함을 느끼고 고민도 해결하면 축구에만 집중할 수 있게 돼요. 자신의 고충을 들어주고 진심으로 감싸주는 에이전트가 있어서 마음이 든든하니까 그렇게 되더라고요. 이렇게 에이전트가 상담사의 역할을 할 정도가 되면 선수와 에이전트가 좋은 시너지를 이뤄낼 수 있어요. 하지만 선수 인원이 많아질수록 이런 정신적 케미까지 이루려면 시간이 더 필요하죠. 그래서 선수가 늘어갈수록 양질의 직원을 충원해야겠다는 고민을 자연스럽게 하게 됩니다.

근무 시간은 어떤가요

편 근무 시간은 어떤가요?

추 에이전트의 근무 시간은 프로축구리그의 일정을 따라야
해요. 프로축구경기는 모두 토요일과 일요일 이틀 동안 해요.
그래서 주말이 근무하는 날이에요. 주말에 할 일은 라이브로
중계하는 K리그 10경기를 보는 거예요. 관리하는 선수의 중
요한 경기가 있는 날은 경기장에 직접 가서 보고요. 남는 시
간에는 나머지 경기를 영상으로 보죠. 또 주중에도 경기를 봐
야 할 때가 있어요. 요즘엔 좀 덜 보는 편인데 예전에 외국 선
수들을 많이 영입할 때는 하루에 수십 경기도 봤어요. 선수 한
명을 데려오려면 먼저 세계 여러 나라에서 보내온 후보 선수
들의 경기 영상을 봐요. 들어본 적도 없는 구단의 선수들도 꽤
많은데 그곳에서 그 선수가 잘한 장면을 하이라이트 영상으로
만들어서 보내와요. 그걸 보면 그 선수가 빠르다, 기술이 좋다,
피지컬이 좋다는 등 어떤 걸 잘하는지 경기 스타일을 알 수 있
어요. 그 속에서 우리가 원하는 선수가 나오면 그 선수의 풀
경기를 봐요. 대체로 90분짜리 다섯 경기는 기본으로 봐야 해
요. 잘한 경기, 잘못한 경기, 이긴 경기, 진 경기도 보죠. 지금은

전 세계 축구 경기 영상을 제공하는 회사들이 있어요. 선수의 이름만 넣으면 그 선수의 하이라이트 비디오와 풀경기 영상을 볼 수 있어서 예전에 CD로 볼 때보다 많이 편해요. 여하튼 이렇게 다섯 경기를 보고 괜찮겠다 싶으면 현장에 가서 또 봐야 해요. 그래서 전 세계에 흩어져 있는 후보 선수들의 경기를 보러 스무 시간도 넘게 비행기를 타고 다니는 거예요. 그러니까 축구 경기를 보는 시간이 근무하는 시간이죠.

🅠 에이전트는 다른 직장인과 달리 근무 시간과 휴일이 일정하지 않아요. 오히려 직장인들이 쉬는 주말에 일하고 주중에 쉬는 편이죠. 그리고 선수들에게 어떤 일이 발생하면 새벽이 되었건 한낮이 되었건 크리스마스가 되었건 그때부터 근무 시간입니다. 담당 선수들이 많아지면 바람 잘 날이 없어요. 마치 대가족과 사는 느낌이랄까요.^^ 언제 어디서 어떤 사건 사고가 날지 모르거든요. 사고는 경기 중에도 날 수 있어요. 선수가 부상당하거나 경기 중에 어떤 일이 일어날 수도 있고요. 또 경기 외적인 사건 사고도 언제 들어올지 몰라요. 때론 늦은 밤 인생 상담을 해줄 때도 있죠. 그래서 에이전트는 항상 선수가 찾을 때 응대할 준비가 되어있는 '비상대기조'라고 할 수 있습니다. 이렇다 보니 개인 시간을 많이 가지기는 좀 어렵더라고요.

전 세계에 있는 모든 에이전트가 그런 건 아니에요. 해외 에이전트 중에는 계약만 해주고 거기에 대한 협상료 명목의 커미션을 받은 후 생활적으로 전혀 엮이지 않는 사람도 많아요. 그런데 한국 에이전트들은 성격이 다릅니다. 정이 넘치는 문화라고 할까요. 고3을 둔 학부모의 마음처럼 그 선수가 궤도에 오르기 전까지 물심양면으로 지원을 아끼지 않는 게 습관처럼 되었어요. 그래서 더더욱 계약이 파기되거나 연장계약이 되지 않았을 때 마음의 상처를 받는 경우가 많지요.

축구 에이전트의 연봉은 얼마나 되나요

(편) 축구 에이전트의 연봉은 얼마나 되나요?

(전) 저희 회사에 신입 사원이 들어오면 처음 몇 년 간은 꽤 낮은 연봉을 지급합니다. 신입 사원은 아직 이 일이 자신에게 맞는지 알지 못하고, 기대했던 일과 실무가 다를 수도 있어서 빨리 그만두는 사람도 많고요. 이 일을 하면서 선수와 지속적인 관계를 맺으며 몇 년을 지내다 보면 본인 스스로 이 일이 적성이 맞는지 고민하는 시간을 가지게 돼요. 이런 고민과 번민을 딛고 자기만의 노하우도 쌓고 자신감도 생겨서 우수 선수를 계약하고 발굴하는 작업에 성공하면 그때부터 연봉이 인상되고 더불어 인센티브도 받아요. 이 정도 상황이 되면 대기업에 취직한 동년배 대졸자보다는 훨씬 많은 연봉을 받게 됩니다. 에이전트는 매우 전문적인 일일 뿐만 아니라 개인적인 능력에 따라 실적의 차이가 많이 날 수밖에 없는 일이에요. 그래서 능력에 따라 직원 간에도 연봉 차이가 발생할 수 있어요.

아직 직원 중에는 FIFA 에이전트 라이선스를 취득한 직원은 없어요. 추 대표와 제가 가지고 있죠. 자격증은 사실 연봉과 무관해요. 책상에 앉아 열심히 공부하면 취득할 수 있는 자격증보다는 선수 보는 눈이나 에이전트로서 선수를 관리할 때 필요한 성정은 책상머리 공부로는 안되는 것이거든요. 시간과 내공이 필요하죠. 물론 선수도 잘 보는 사람이 자격증까지 있으면 좋아요. 하지만 FIFA 에이전트 라이선스를 가지고 있으면서도 쓰지 못하는 '장롱 면허'도 꽤 많아요. 자격증은 땄지만 선수 발굴이나 초기 시장 진입을 못하면 아무 쓸모가 없으니까요. 그래서 에이전트가 되고 싶다면 자격증을 따려고 공부를 먼저 할 게 아니라 축구 유관단체에 취직하는 게 우선 할 일이라고 생각해요.

Ⓟ 에이전트가 사무실에서 일하기 보다는 바깥에서 할 일이 더 많은 것 같아요. 근무 조건은 어떤가요?

Ⓟ 근무 시간이 유연하기 때문에 스스로 시간을 만들어서 활용할 수 있다는 장점이 있어요. 출퇴근이 정말 자유롭지요. 또한 선수들과의 만남에 드는 비용은 모두 회사에서 지급하고 있어서 개인적인 지출이 필요 없죠. 휴대폰 비용이나 유류비는 모두 지원되며 업무에 필요한 전자기기도 모두 회사에서 제공하고요.

국내에서 활동하는 축구 에이전트는 얼마나 될까요

㉠ 국내에서 활동하는 축구 에이전트는 얼마나 될까요?

㉡ 2023년 7월 현재 대한축구협회 홈페이지에 등록된 중개인은 385명이에요. 아직 중개인제도가 시행 중이라 라이선스가 없는 중개인도 포함되어 있어요. 하지만 FIFA 시험이 시행되어 FIFA가 관리하는 에이전트 시스템으로 바뀌는 9월 이후부터는 그 숫자가 많이 줄어들 것으로 보여요.

등록된 중개인은 많지만 이중에 활발하게 활동하는 에이전트는 대략 30여 명 내외인 걸로 알고 있어요. 외국인 선수만 다루는 특화된 에이전트들도 다수 있고, 몇몇 구단과 밀접한 관계를 맺고 있는 에이전트들도 있죠. 회사 나름대로 특징이 있다고 할까요. 어디는 선수는 많은데 퀄리티가 낮은 선수를 많이 보유한 곳도 있고, 어디는 몇 명 없지만 경기력이 우수한 선수들 위주로 소수정예를 지향하는 에이전시도 있죠.

㉠ 여자 에이전트도 있나요?

ⓠ 업계에 한 명 있는 것으로 알고 있어요. 그런데 교류가 없어서 정확히 어떤 상황인지는 잘 모르겠네요.

에이전트가 관심을 가져야 하는
분야가 있나요

에이전트가 관심을 가져야 하는 분야가 있나요?

㉠ 세무 관련 지식이 필요해요. 회사 경영을 할 때도 필요하지만 선수 이적을 위한 협상을 완벽하게 수행하기 위해서도 꼭 필요해요. 전문적인 단계까지 배울 필요는 없지만 귀동냥으로라도 항상 최신 세무지식도 배우려고 노력해요. 회사의 자금계획을 세우다 보면 뜻하지 않게 세금 문제가 발생할 수 있어요. 선수의 이적료와 연봉 협상을 할 때 세금을 내기 전 금액GROSS인가 세금을 낸 후 받을 금액NET인가 확실하게 정해두어야 나중에 말썽이 생기지 않아요. 고객인 선수로부터 받을 수수료를 정할 때도 마찬가지고요. 세전과 세후의 차이가 크기 때문에 늘 조심해야 하죠.

그리고 외국인 선수들이 국내에서 취득한 소득에 대한 세금 문제도 에이전트가 알고 있어야 해요. 외국인 선수들은 우리나라에서 내야 할 세금이 얼마이고 언제 어떻게 낼지 모르는 게 당연해요. 그러니 에이전트가 미리 알려주거나 조치를 취해 주어야 하죠. 최근엔 외국인 선수에 대한 규정이 강화되어 세금을 제때 내지 않으면 출국금지가 되기도 해요. 저희 회사가 협상을 통해 국내에 영입한 콜롬비아 선수가 이듬해에 중국으로 진출했는데 실수로 세금을 내지 않고 가버렸어요. 그 선수의 중국 소속팀이 그다음 해에 한국으로 전지훈련을 오면서 세금 문제가 적발되어 그 선수에 대한 출국 정지가 내려졌죠. 부랴부랴 미납금을 내고 출국 정지를 푼 경우가 있었어요. 한 브라질 선수도 저희 손을 거쳐 한국에서 일본으로 이적했는데 세금을 미납했더라고요. 국세청에서는 직원을 그 선수의 소속 일본 구단으로 파견해 월급을 차압했어요. 이런 일이 일어나지 않도록 미리 신경을 썼어야 했는데 그러지 못해서 일어난 일이에요. 그래서 요즘은 선수들에게 세금 문제는 없는지도 알아보고 있어요. 이런 일은 서로의 신뢰를 위해 매우 중요한 문제니까요.

이 일을 잘하기 위해
노력하고 있는 일은 뭔가요

㉠ 이 일을 잘하기 위해 노력하고 있는 일은 뭔가요?

㉢ 에이전트를 시작한 이후 책을 많이 읽으려고 노력하고 있어요. 저를 위한 일이기도 하지만 선수들과 축구 말고 다른 이야기를 할 수 있으면 좋겠다고 생각해서 한 달에 세 권 정도는 읽고 있어요. 선수들은 어려서부터 운동에 집중하느라 같은 나이 또래에 비해 경험치도 부족하고 사회성도 높지 않아요. 또 운동하는 사람들 말고 다양한 사람들을 만나 관계를 맺은 경험이 적기 때문에 다른 직업군의 사람들과 대화를 나눈다는 것도 쉽지 않죠. 무엇보다 선수들은 항상 반복적인 훈련을 하고 경기하느라 심신이 많이 지쳐있어요. 그래서 스트레스를 푸는 쉬운 방법으로 영상매체를 많이 보죠. 저는 선수들의 이런 모습이 좀 안타깝더라고요. 그래서 선수들에게 여러 이야기도 들려주고 싶고, 선수들에게 필요한 내용이 있으면 읽어보라고 권하려고 독서를 하고 있어요. 특히 10대 어린 선수들에게는 독서의 중요성에 대해 이야기를 많이 해요. 책을 많이 읽는 사람은 죽기 전까지 천 개의 인생을 산다는 이야기가 있

▎뉴캐슬 유나이티드가 기성용 선수의 계약을 위해 내 준 전용기 앞에서 현지 파트너인
루카 바스텔리니와 기성용 선수와 함께 있는 추연구 대표

▎2012년 런던 올림픽 동메달을 딴 직후 기성용, 지동원 선수와 함께

더라고요. 그렇게 천 개의 인생을 들려 줄 수 있는 사람이 된다면 에이전트를 떠나 선수들과 좋은 인생의 동반자가 될 수 있다고 생각하죠.

선수들을 데려오기 위한 경쟁은 어떤가요

⊞ 선수들을 데려오기 위한 경쟁은 어떤가요?

⊛ 갈수록 축구 에이전트들이 많이 생겨 점점 경쟁이 치열해지고 있어요. 몇 년 전까지만 해도 고등학교 선수 중에 에이전트 계약을 한 선수는 그리 많지 않았어요. 그런데 최근엔 볼 좀 찬다는 중학생의 경우도 대리인 계약을 한 선수들이 생겨나고 있어요. 미성년자의 경우에 부모의 동의가 있으면 계약이 성사돼요. 상황이 이러다 보니 어린 선수들을 조기 발굴하는 것이 중요해졌죠. 그래서 요즘엔 전국에서 벌어지는 중고등학교 아마추어 경기를 항상 체크하고 관심 있는 선수들의 경기 데이터를 모으고, 짧게는 몇 달에서 길게는 몇 년간 추적해서 계약을 해요. 하지만 어린 선수들과 대리인 계약하는 것은 모험이기도 해요. 어린 선수가 성장해 프로 선수가 되기까지 신체적으로 정신적으로 수많은 변곡점이 있기 마련이잖아요. 그런 변수 때문에 알렉스 퍼거슨 감독이 와도 누가 미래의 손흥민이 될 것인지 옥석 감별은 어려워요. 스타로 찬란히 빛날 원석은 시간이 지나 깨보지 않는 다음에야 정확히 구별해 내기 쉽지 않죠.

축구 에이전트의 매력은 뭐라고 생각하세요

편 축구 에이전트의 매력은 뭐라고 생각하세요?

전 직원으로 회사 생활할 때는 항상 누군가로부터 지시를 받고 주문을 받았어요. 그래서 시간에 늘 쫓기고 일에 치여 살았죠. 내가 원하는 대로 시간을 계획하고 쓸 수도 없었고요. 언제나 내 인생이 아닌 남의 인생, 남의 이익을 대변한다는 생각이 들었죠. 하지만 축구 에이전트는 한 축구 선수의 삶을 함께 디자인한다는 데 매력이 있어요. 같이 만들어가는 과정에서 내가 마치 영화를 찍듯이 한 컷 한 컷 순간들을 붙여나간다는 느낌이라고 할까요. 선수와 협상을 하고 계약을 맺고, 이적을 하고 다른 대륙으로 이주를 하는 등등 이런 여러 부분들이 선수라는 재료를 가지고 맛난 한상을 차리는 시간의 요리사란 생각이 들어요. 물론 몇 년간 계획한 플랜이 잘 되지 않아 원하는 방향으로 되지 않았을 경우엔 선수와 함께 늘 고뇌와 힘든 시간을 보내지만 그 또한 큰 의미가 있죠. 특히나 솜털을 막 벗어난 중고교 선수를 영입해서, 그 선수가 몇 년 뒤 훌쩍 자라 축구의 본고장인 잉글랜드까지 가는 과정을 지켜보면 정말 드라마틱하다는 표현을 넘어 짜릿하기까지 해요.

보람을 느끼는 순간은 언제인가요

편 보람을 느끼는 순간은 언제인가요?

추 내 선수가 최고의 모습을 보여줄 때가 아닐까요? 스완지 시티의 기성용 선수가 2014-2015년 잉글랜드 프로축구 프리미어리그 개막전에서 맨유를 상대로 첫 골을 넣었어요. 첫 골이자 기성용 선수의 스완지시티 데뷔골이기도 했죠. 세계 최고 리그의 첫 경기에서 맨체스터 유나이티드라는 굉장한 팀을 상대로 개막전에 개막 골을 넣은 선수가 내 선수라니. 정말 정말 기뻤어요. 저는 기성용 선수가 스무 살 때부터 옆에서 성장하는 과정을 지켜봤어요. 그 어린 선수가 이렇게 성장해서 전 세계 축구 팬이 지켜보는 가운데 시즌 첫 골을 넣었다니 정말 감격할 수밖에 없더라고요. 본인도 열심히 했지만 저도 옆에서 함께 그 시간을 지나온 결과라고 생각하니까 정말 이게 보람이구나 생각했죠.

그리고 차두리 선수가 국가대표팀 은퇴하는 날 참 좋았어요. 차두리 선수는 선수 생활에 굴곡이 많았어요. 아버지가 차범근 감독님이시잖아요. 우리나라 최고의 선수였던 사람의 아들이니까 계속 비교가 되는 거죠. 정신적으로도 힘들었고요.

차두리 선수는 어렸을 때 집에서 축구하는 걸 반대해서 다른 선수들보다 늦게 시작했어요. 중학교 3학년 때 시작했으니까 더 어렸을 때부터 축구를 한 선수들보다 기술이 부족했죠. 그래도 꾸준히 축구를 했는데 대학교 2학년 때 큰 부상을 당해서 그만두려고 했어요. 그러던 차에 2001년 국가대표팀이 고려대와 부산에서 연습 경기를 했는데 고려대 선수였던 차두리가 나왔어요. 히딩크 감독이 그 경기를 보고 차두리 선수를 월드컵 대표팀으로 발탁하는 바람에 다시 축구를 하게 됐죠. 월드컵이 끝난 직후 독일 분데스리가 구단인 레버쿠젠으로 이적해서 선수 생활을 했는데요. 분데스리가에서 10년을 생활한 후 셀틱으로 이적했다가 다시 분데스리가 뒤셀도르프로 갔는데 거기서 6개월 만에 계약을 해지하고 축구를 그만두겠다고 하더라고요. 공부를 해보겠다고 이런저런 고민을 하는 차두리 선수를 보니 이렇게 선수 생활을 끝내면 아무도 이 선수를 기억하지 못할 것 같다는 생각이 들었어요. 그래서 제가 이렇게 은퇴하는 건 안 된다고 설득했어요. 한편으로는 FC 서울과 계속 접촉하면서 협상을 했고요. 그렇게 어렵게 차두리 선수를 다시 국내로 데려왔죠. 그리고 FC 서울에서 뛰면서 다시 국가대표팀에 복귀하고 레전드 대우를 받으면서 자신의 커리어를 마무리하게 되었죠. 은퇴식 하는 날 국민들이 수고했다며 박

▌셀틱FC의 스코티시컵 우승 후 사마라스, 차두리 선수와 동생 차세찌

수치며 축하해주는데 그 뿌듯함을 어떻게 말로 표현할 수가 없네요. 제 선수가 사람들에게 잊혀지게 두지 않고 자신의 커리어를 멋지게 마무리할 수 있게 만들었다는 게 정말 큰 보람이었죠.

전 선수가 커가는 모습을 지켜보는 뿌듯함이 가장 큰 보람이죠. 현재 FC 서울에서 뛰고 있는 지동원 선수는 저희가 회사를 창립한 2010년 전남 드래곤즈 시절에 계약을 해서 지금까지 계속 인연을 맺어오고 있어요. 당시 고졸 신인으로 신인왕을 거머쥔 지동원은 아시안컵에서 포텐이 폭발하며 그 이듬해 세계 최고 리그인 잉글랜드 프리미어리그 선덜랜드로 이적을 하게 되었어요. 누구도 예상치 못했던 고속 성장이었죠. 이후 도르트문트, 아우구스부르크, 다름슈타트, 마인츠 등 독일 분데스리가에서 10년을 활동하며 커리어의 대부분을 유럽에서 보냈어요. 이적하는 과정에서 많은 사연과 어려움도 있었지만 지동원 선수는 늘 한결같은 마음과 집중력으로 어려운 과정들을 잘 이겨냈죠. 고등학생에서부터 K리거, 프리미어리거, 분데

▌기성용, 차두리 선수와 함께 뛴 셀틱FC의 동료들

스리거로 변해가는 모든 인생의 궤적을 함께 한 것은 에이전트로서 큰 영광인 동시에 기쁨이에요.

2002년 월드컵에서 '진공청소기'로 이름을 날렸던 김남일 선수도 빼놓을 수 없겠네요. 저희 회사의 창립멤버나 마찬가지인데요. 겉으로 보기엔 참 강하고 기가 세 보이는데 마음 한가운데는 편안하고 배려심 많은 돌부처가 들어있어요. 2010년 러시아 프리미어리그 톰스크에 이적해 갖은 고생을 다했지만 계약기간이 끝날 때까지 저를 믿어주고 불평불만 한마디 없이 인내를 다 하더라고요. 감히 다른 선수들이 따라올 수 없는 슈퍼 에고를 가지고 있는 것 같아요. 지금은 프로팀 감독으로 저희 회사와 또 다른 연을 맺고 있죠.

현재 일본 J리그 가와사키 프론탈레에서 뛰고 있는 골키퍼 정성룡 선수는 다른 의미의 보람을 안겨준 선수예요. 어릴 때부터 계약을 지속한 선수는 아니지만 수원삼성에서 일본 J리그 가와사키로 이적하면서 저희 회사와 계약을 체결하고, 30대에 해외에서 전성기를 맞이했어요. 2남 2녀를 둔 가장으로 항상 준비된 프로의 자세를 갖고 있어요. 자신보다 주위 사람들을 먼저 챙기는 모습을 보면 저보다 어리지만 나이와 상관없이 배울 점이 많은 선수라고 생각해요. 정성룡 선수와는 브로맨스 같은 성숙한 관계를 맺고 있죠.

이 외에도 유튜버로 자신의 개성을 보여주는 '축구도사' 김
보경, 그라운드에서 항상 투지 넘치는 모습을 보여주는 '우등
생 골잡이' 나상호, 수비수에서 공격수로 전환하며 축구 인생
이 확 바뀐 FC 서울의 주전 공격수 박동진, 단순 '직진남'에서
축구에 눈을 뜨며 2022년 울산 우승의 일등 공신 중 한 명으로
재탄생한 '엄살라' 엄원상 등등 많은 선수가 기대 이상의 퍼포
먼스와 삶의 다른 모습을 보여줄 때 보람을 많이 느껴요.

이 일의 고충이 있다면

편 이 일의 고충이 있다면?

전 여러 가지가 있겠지만 우선 가장 힘든 부분은 언제 무슨 일이 일어날지 예측할 수 없다는 거예요. 일은 항상 랜덤으로 발생하더라고요. 사람과의 관계이고 선수를 유통시키는 비즈니스인 관계로 언제 어느 순간에 무슨 일이 발생할지 몰라요. 사실 협상과 계약과 같은 에이전트의 핵심 업무에는 시간이 많이 들지 않아요. 대신 계약하기 전과 계약 후 선수들의 동선을 파악하고 정보를 수집하는 일에 시간을 많이 들이죠. 고객인 선수의 동향을 파악하고 있어야 어떤 일이 일어날지 예측할 수 있으니까 소홀히 할 수는 없어요. 그래서 언제 어떤 일이 일어나더라도 달려가서 해결할 마음의 준비를 하고 있어야 하는 어려움이 있죠.

또 선수들이나 부모님들과 항상 접점에서 이야기를 나누고 결정해야 하는 업무 특성상 감정 소모가 매우 심한 편이에요. 일종의 감정노동자라고 할 수 있죠. 나 스스로 어떤 선수와는 신뢰가 어느 정도 쌓였다고 생각을 하던 차에 계약 연장에 실패한다든지 저희 회사에서 해준 업무에 대해 폄하하는 발언을 들었을 경우엔 마음이 매우 좋지 않아요. 물론 현재는 에이전트 18년 차라 마음속에 생채기가 쉽게 생기진 않지만 예전에는 그 후유증이 상당히 심했던 적도 있어요. '이런 게 우울증이고 대인기피 증상이구나'라는 생각이 들 정도로 마음이 가라앉았던 경험도 있어요. 하지만 저희 회사는 지금까지 한 번도 법적인 논쟁을 벌이거나 소송을 한 적이 없어요. 축구계는 매우 좁은 시장이에요. 어차피 서로 '축구밥'을 먹고 사는 사람들이라 언제라도 돌고 돌아 만나게 되어있거든요. 그래서 돈을 잃을지언정 사람을 잃지는 말자는 것이 저희 회사의 신조예요. 그리고 다행히 지금까지 계약을 파기하고 떠난 선수는 한 명도 없답니다.

이 일은 주말에 엄청 바쁘고 주중에 좀 한가해요. 정해진 시간에 해야 하는 업무는 없지만 선수들에게 무슨 일이 생기면 언제라도 달려가야 하죠. 그래서 미리 약속을 정해놓고 여행을 간다든지 가족과의 시간을 갖는다든지 하는 일은 좀 어려울 수 있어요. 최대한 시간을 맞춰보려고 하지만 좀 어려워요. 가족들에게 미안한 마음도 있고요.

스트레스 해소는 어떻게 하나요

㉠ 스트레스 해소는 어떻게 하나요?

㉡ 국내외 출장도 많고 감정 소비도 큰 직업이라 스트레스 해소는 필수적이에요. 더욱이 혈기왕성한 선수들과 동행하다 보면 고칼로리의 음식을 먹기 십상이라 건강을 해치기 쉬워요. 선수들은 섭취한 칼로리 이상으로 에너지 소모를 하지만 에이전트는 그러기가 쉽지 않기 때문이에요. 그래서 저는 스트레스와 과다영양을 동시에 해결하기 위해 운동을 많이 해요. 등산은 자주 하는 편이고 저녁을 푸짐하게 먹은 날은 집에 아무리 늦게 들어가도 탄천변을 9킬로미터 이상 뛰어요. 해외 출장 시에는 항시 수영복을 지참해서 남는 시간에 수영을 하고 풀사이드에서 한가롭게 업무를 보기도 하죠. 먹는 것을 좋아하기 때문에 지속적인 운동을 하지 않으면 몸도 처지고 참신한 아이디어도 떠오르지 않거든요.

축구 선수와의 에이전트 계약은 여러 가지 변형된 옵션과 기간, 조건들이 있기 때문에 아이디어에 따라 무궁무진하게 유리한 쪽으로 변화를 줄 수 있어요. 운동은 스트레스를 푸는 방법이기도 하지만 협상에 나가기 전에 전술을 짜는 아이디어

뱅크의 역할도 하죠. 그리고 생각이 막힐 때는 항상 책을 읽어요. 주로 소설책을 읽는데 발칙한 상상력이나 유머, 반전이 있는 내용을 좋아해요. 개인적으로는 무라카미 하루키와 베르나르 베르베르의 소설을 매우 좋아하고요. 국내 소설가로는 과거엔 천명관과 성석제의 소설을 탐닉했는데 최근엔 김호연과 정세랑의 소설을 재미있게 읽고 있어요.

추 전 대표는 러닝을 매우 좋아하는 모양인데 저는 영 그쪽하고는 맞지 않는 스타일이에요. 그것보다는 전혀 업무와 관계없는 일을 하는 편이에요. 출장을 다니면서 이동시간이 긴 편이라 영화를 본다거나, 책을 읽는다거나 하는 편이죠. 장르는 굳이 가리지 않습니다. 닥치는 대로 보고, 듣고, 읽는 편이고, 한 장르에 꽂히는 경우에는 한동안은 그 장르만 읽기도 합니다. 주로 역사 분야를 좋아하기는 하는데 그렇다고 역사 관련된 것만 찾는 것도 아닌 것을 보면 내용보다는 보고, 듣고, 읽는다는 행위자체로 스트레스를 푸는 것 같아요. 업무와 연관성이 전혀 없는 것들에 집중하다 보면 오히려 새로운 아이디어를 얻을 수도 있는 것 같아요. 특히 역사물 쪽에서는 지혜로운 사람들의 지혜로운 판단과 생각들을 찾을 수 있어서 좋습니다.

다른 분야로 진출이 가능한가요

㉠ 다른 분야로 진출이 가능한가요?

㉡ 국내 프로스포츠 시장을 보면 에이전트로서 매력있는 마켓은 축구와 야구, 골프 정도예요. 이들 스포츠 모두 국제적인 경쟁력을 갖추고 있으며 이미 세계 탑 레벨의 선수가 나왔기 때문이죠. 이미 한번 루트가 뚫리면 거기에 부합되거나 더 좋은 차세대 선수들이 계속해서 나옵니다. 문화적인 자심감이라고나 할까요. 박세리 키즈와 2002 월드컵 키즈, 박찬호 키즈 등이 이를 대변하는 말이죠. 저희도 사업 다각화 차원에서 골프에 대한 관심이 있었으나 수익구조나 초기 진입장벽의 어려움을 가늠해 보고는 초기에 관심을 끊었어요. 마켓 규모나 세계 시장성을 보면 축구만 한 글로벌 산업이 없기 때문이지요. 야구나 골프 모두 특정 지역 특정 국가들의 전유물인 경우가 많기 때문에 저희는 축구에 천착해 더 높은 퀄리티를 유지하는 게 좋다는 결론을 내렸습니다. 최근엔 e스포츠 시장도 커지고 있어서 많은 이야기를 듣습니다. 사실 에이전트의 역할이나 수입 구조는 프로스포츠 대부분 대동소이해요. 지금 축구에이전트를 생각하시는 분이라면 이런 다른 종목의 에이전시

에 관해서도 한 번쯤 공부해 보는 것도 좋을 것 같아요.

나도
축구 에이전트

FIFA는 2023년부터 다시 선수 에이전트 시험 제도를 시행합니다. 시험은 20개 문항 객관식으로 치러지고 시험 출제 범위는 FIFA 공식 홈페이지에 700쪽에 가까운 자료가 공개되어 있어요. 다음에 제시한 시험문제는 2023년 4월 19일에 치러진 FIFA 선수 에이전트 자격시험입니다. 시험문제를 보고 축구 에이전트가 되려면 반드시 알아야 하는 규정들이 무엇인지 알아보고 차근차근 공부해 보세요.

1 Diego is 15 and from Ecuador. He loves to go to school and to play football. All his coaches have told his parents he has a lot of potential and should pursue a career in football. This is why they decided to place him at a private academy in Brazil as they heard it has a good reputation. After a few weeks there, Diego notices that the football part of the academy is well organised but they train in extremely hot temperatures and eat really bad food in small quantities. He is always hungry and thirsty as safe drinking water is rarely provided. They also receive very little education and classes are only delivered in Portuguese, a language he does not speak. The teachers are clearly not well prepared, and they do not seem to care. Finally, the dormitories where the boys sleep are overcrowded and very dirty. What type of safeguarding concerns are at stake in this case? Select one or more:

a   Health and safety issues
b   There are no concerns
c   Neglect, nutrition and dietary issues
d   Education and social integration issues

2

As a general rule, between what ages does a player receive training that may be used for the calculation of training compensation? Select one:

a 10-21   b 12-23
c 10-23   d 12-21

3

In a pending case before the FIFA Dispute Resolution Chamber, the Chamber decided that the player, Emilio, is entitled to compensation for breach of contract since the club failed to pay his Remuneration and he therefore terminated the contract. In the meantime, Emilio signed a new contract with a different club. To what is Emilio entitled in addition to the compensation in accordance with article 17 of the FIFA Regulations on the Status and Transfer of Players? Select one:

a Moral damages

b Additional compensation

c Reimbursement of his legal costs

d No additional entitlements

4

Who can provide football agent services as per the FFAR? Select one or more:

a Football agent

b Coach

c Legal guardian

d Official of FIFA member association

5

May a player enter into an agreement by means of which they are entitled to a percentage of the transfer fee paid for a future transfer? Select one:

a Yes, and the player may then assign this right to their Football Agent

b Yes, even if the agreement refers to the transfer fee paid for a future transfer of other players

c No, because this is a third-party ownership agreement which is prohibited by article 18ter of the FIFA Regulations on the Status and Transfer of Players

d Yes, as long as this percentage refers to a transfer fee paid for a future transfer of the player entering the agreement

6

Talents FC is a small club with the primary goal of training young talents and is based in a region that has historically suffered financial and social problems. This makes it very difficult for the club to have the financial resources needed to operate its academy. Champions FC is an established club that is always looking for new talents from other countries and has identified Talents as a potential partner. As part of their strategic objective, Champions would offer Talents the possibility to get financial support in exchange for a specific service, i.e. Talents would have to offer a first professional contract to all young talents selected by Champions, regardless of whether the selected players are already at Talents or not. After signing their first professional contracts, Talents would have to transfer such players to Champions without delay for free. In exchange, Champions would pay Talents a monthly fee that would allow them to maintain their academy training centre and continue developing players. Is such an arrangement permitted under FIFA's regulations? Select one:

a   This conduct is prohibited by article 5bis of the RSTP.

b   FIFA accepts this practice because it would give financial stability to Talents, which provides football training to young players in an unstable region.

c   Neither Talents nor Champions should verify if such a scheme is in line with the FIFA regulations, because this falls under the responsibility of their respective associations.

d   This is a genuine and regular practice and any football agent should advise amateur clubs to get involved in such practices.

What are the maximum procedural costs that may be imposed on a player, coach, Football Agent or match agent in disputes before the Football Tribunal? Select one:

a   None, since such procedures are free of charge

b   USD 5,000

c   USD 25,000

d   USD 10,000

8 If a player who is a minor does not wish to enter into a Representation Agreement with a Football Agent, who may sign on their behalf? Select one:

a That player's legal guardians

b The association with which the player who is a minor was last registered

c Single Judge of the Players' Status Chamber of the FIFA Football Tribunal

d Nobody

 9 Failure to safeguard: Select one or more:

a hurts children

b undermines the growth and integrity of football

c hurts no one

d undermines the integrity of the member association, academy or club

10

In order to maintain their licence, what does a football agent have to do, among others, on an annual basis? Select one or more:

a Pay the licence fee to FIFA

b Retake the FIFA Football Agent Exam

c Comply with the continuing professional development requirements

d Ensure that their insurance policy is valid

11

What is considered to be an Approach to a player? Select one or more:

a An e-mail to a player's club about a potential transfer of a different player

b An e-mail to a player

c A meeting with a player's brother

d A message on social media

12 Does a contractual clause stipulating a sell-on fee breach article 18bis of the FIFA Regulations on the Status and Transfer of Players? Select one:

a Only when such a clause imposes an obligation on the counter club that limits the counter club's independence in employment and transfer-related matters

b Yes, sell-on fees are not admissible by FIFA

c No, contractual clauses with sell-on fees could never lead to a breach of article 18bis of the FIFA Regulations on the Status and Transfer of Players

d Yes, contractual clauses with sell-on fees always constitute a breach of article 18bis of the FIFA Regulations on the Status and Transfer of Players

13 Which of the following persons may not be a Football Agent? Select one or more:

a Amateur coach

b Amateur player

c Professional player

d Professional coach

14

A few days before a match, you are approached by an individual who, knowing that you are a certain goalkeeper's Football Agent, proposes that you order that goalkeeper to concede goals so as to lose the match by a predetermined score. In addition, the individual gives you a large sum of money as an advance payment. Select the relevant steps to be taken. Select one or more:

a You take the money, pass on the instructions to the goalkeeper and hand over the full amount

b You take the money, but do not inform the goalkeeper, so the manipulation cannot take place

c You immediately and voluntarily report the facts to FIFA

d You immediately refuse the offer and return the money

15

A player who was previously registered as a professional with a French club is registering as a professional with an Italian club before the end of the year of their 23rd birthday. In order to receive training compensation, the French club must prove that: Select one or more:

a   it offered a new contract to the player at least 60 days after the end of the contract with the French club

b   it offered a new contract to the player at least 30 days before the end of the contract with the French club

c   although it did not offer a new contract, it can justify that it is entitled to such compensation

d   it offered a new contract to the player at least 60 days before the end of the contract with the French club of at least an equivalent value of the current contract

16

On which of the following laws do FIFA's judicial bodies primarily base their decisions? Select one:

a FIFA Statutes and regulations

b Swiss Law

c Law chosen by the parties

d European Law

17

Outside the EU/EEA, the final calendar year of training may occur before the calendar year of the player's 21st birthday if: Select one or more:

a it is established that the player completed their training before that time

b it is established that the player no longer attends training sessions

c it is established that the player terminated their academic education

d the player has obtained a recognised coaching diploma

18

Edson entered into a Representation Agreement with his friend and Football Agent Denis. Shortly after, Edson receives a call from FC Tombe to sign for them as their first-team goalkeeper but, not knowing much about such negotiations, Edson instructs Denis to negotiate a contract for him with FC Tombe. Following a few days of negotiations facilitated by Denis, Edson signs a professional contract with FC Tombe abroad for total Remuneration of USD 400,000 paid in advance. A few months after arriving in his new country, Edson receives a request from Denis to pay him his service fee for helping him with the negotiation of a contract. Edson's wife, Minka, warns him that his Representation Agreement stipulates that the service fee has been agreed in the amount of 4.4% and that it might be a problem for Edson, resulting in disciplinary sanctions. What should Edson pay? Select one:

a 2.6%

b 15%

c 3%

d 4.4% of the service fee for the first USD 200,000 and 3% for the remaining USD 200,000

19 Who needs to approve a Client to represent themselves in a Transaction? Select one:

a The association with which the Client was last registered

b Nobody

c Football Agent with an exclusive Representation Agreement

d FIFA

20 As of when is a claim time-barred before the FIFA Football Tribunal? Select one:

a If more than two years have elapsed since the event giving rise to the dispute.

b Never, disputes before the FIFA Football Tribunal can always be lodged.

c If more than five years have elapsed since the event giving rise to the dispute.

d If more than three years have elapsed since the event giving rise to the dispute.

The correct answers are ①a, c, d ②d ③b ④a ⑤d ⑥a ⑦a ⑧d ⑨a, b, d ⑩a, c ⑪b, c, d ⑫a ⑬a, c, d ⑭c, d ⑮c, d ⑯a ⑰a ⑱d ⑲b ⑳a

축구 에이전트

전용준·추연구
스토리

축구 에이전트 전용준 스토리

편 어렸을 땐 어떤 아이였는지 궁금해요.

전 어릴 때는 운동에 대해 콤플렉스가 있었어요. 초등학교 시절엔 주로 야구를 하며 놀았어요. 배트는 대충 휘둘러도 공이 맞아서 타자로는 괜찮았는데 공은 잘 못 던져서 투수의 자질은 전혀 없었죠. 고등학교 때는 도서반이란 서클에 들었는데 수업이 끝나면 항상 모여서 농구를 했어요. 하지만 다른 친구들이 시간이 갈수록 기량이 쑥쑥 커가는 것에 비하면 저는 전혀 진전이 없었죠. 리바운드를 잘하고 골은 못 넣는 아이였어요. 특히 축구는 완전히 형편없는 수준이었어요.^^ 노력은 많이 하는데 실력이 늘지 않으니 수영처럼 다른 사람들과 경쟁하지 않는 스포츠에 더욱 흥미를 느꼈어요. 축구나 야구를 관전하는 것도 그리 좋아하지 않았고요. 그저 책을 읽거나 TV를 보는 것이 낙일 정도로 큰 특징이 없는 평범한 소년이었어요. 대학 입학 후에도 스포츠를 그리 즐기진 않았죠. 월드컵 시즌이 와도 밤새워 경기를 보거나 그런 적이 한 번도 없었습니다.

편 대학을 졸업하고 스포츠 신문의 기자로 일하셨어요. 기자 시절 이야기를 들려주세요.

전 대학 졸업을 앞두고 언론사 기자가 되기 위해 시험 준비를 하고 있었어요. 스포츠 기자가 되겠다는 목표는 없었죠. 그런데 IMF가 터지면서 언론사도 타격을 받아 신입 기자를 뽑지 않는 곳이 많았어요. 그러다 〈스포츠조선〉의 신입 기자 공채 시험에 응시하게 됐고, 합격해서 스포츠 전문 기자가 된 거죠. 2000년에 〈스포츠투데이〉로 자리를 옮겨 2005년까지 축구 전문 기자로 일했어요.

편 기자일 때 축구 선수들과 친분을 많이 쌓으셨겠어요.

전 네, 맞아요. 나중에 축구 에이전트로 직업을 전환할 때 기자 시절에 쌓은 친분이 큰 도움이 됐어요. 제가 기자 초년생이었을 때 올림픽 대표 팀을 담당했거든요. 2000년 올림픽 대표 팀은 1999년에 꾸려졌는데요. 이 대표팀이 나중에 2002 월드컵 국가대표팀 멤버들 중 어린 선수들이었고, 월드컵이 끝나고 유럽에 진출한 세대였어요. 저와 추 대표는 매일 연습장으로 출근해 이 선수들과 함께 먹고 자고 하면서 성장하는 과정을 지켜봤어요. 저희가 기자로 성장하는 과정이기도 했죠. 그때의 친분으로 선수들과 지금도 형제처럼 지내요. 물론 그 윗

세대인 최용수 선수, 홍명보 선수, 황선홍 선수들과도 잘 지냈죠. 이렇게 2002 월드컵 주역들과 좋은 관계를 맺고 있어서 에이전트를 시작할 때 큰 두려움이 없었던 것 같아요.

Ⓟ 축구 전문 기자에서 축구 에이전트로 전환하셨어요. 어떤 계기가 있었나요?

Ⓐ 저는 따로 에이전트가 되겠다고 목표를 설정하거나 그것을 위해 노력한 적이 없어요. 가장 큰 계기는 우연한 기회에 스포츠 신문에 입사해 10년간 축구 전문 기자를 하면서였죠. 취재를 위해 1년에 아마추어와 프로 경기를 합쳐서 많게는 70 게임 이상을 현장에서 보았어요. 보다 보니 점점 저도 모르게 선수를 보는 눈이 생기더라고요. 하지만 그 당시에도 에이전트란 업무에 별로 관심이 없었어요. 1990년대 후반에서 2000년대 초반까지만 해도 스포츠 신문이 활황일 때라 기자 생활도 꽤 만족스러웠거든요. 하지만 2002년을 넘어서면서 인터넷 신문과 무가지가 등장해서 매체가 다양화되니까 종이 신문이 사양산업으로 접어들었죠. 당시에 저는 회사에서 연차 대비 최고 연봉을 받고 있었는데요. 회사가 어려워지자 무급휴직을 통보받았어요. 그길로 저는 사표를 냈죠.

🔲 사표를 내고 나서 바로 에이전트 회사를 차리신 건가요?

🔲 그 당시 제가 가지고 있던 재산은 핸드폰에 저장된 축구계 관련 사람들 1천여 명의 전화번호였어요. 그래서 10년간 쌓아온 인맥으로 자연스럽게 에이전트를 해보면 어떨까 생각하게 되었죠. 회사를 나와서 바로 창업을 한 것은 아니에요. 3개월 정도 경기도청 공보관실에 일하다가 곧바로 기자 시절에 취재원이었던 한 축구 에이전시의 제안을 받고 그 회사에 입사하게 되었어요. 그곳에서 4년간 일하면서 많이 배웠죠. 특히 박지성을 클라이언트로 두었던 회사라 처음부터 맨체스터 유나이티드를 상대할 수 있었고 스타를 통한 광고 홍보 마케팅을 단시간에 배웠습니다. 엄밀히 말하면 배웠다기보다는 기자로서 밖에서 보면서 그럴 것이라고 예측했던 부분들을 실제로 구현한 시간이었죠. 지금은 저희가 그 회사와 동종업계 경쟁자이지만 항상 첫발을 떼게 해준 것에 대한 고마움을 가지고 있어요. 이후 2009년 김연아 선수가 클라이언트였던 IB스포츠에서 축구 부분을 런칭한다고 해서 그 회사로 옮겼어요. 하지만 유연함과 신속함이 생명인 축구 에이전시는 보고 체계가 서 있는 회사와는 맞지 않다는 결론만 얻은 채 1년 만에 그만두었죠. 그리고 2010년 1월에 지금의 독립된 회사인 C2글로벌을 추연구 대표와 함께 설립하게 되었습니다.

㉫ 기자에서 에이전트로 직업을 바꾸고 나서 어려움은 없었나요?

㉠ 앞에서도 말했지만 처음부터 에이전트가 되려고 작정했었던 것이 아니라 큰 느낌이나 감흥은 없었어요. 같은 축구 분야라 만나는 사람이나 단체가 같아서 불편도 없었고요. 하지만 시간이 갈수록 금전적 이해관계가 없었던 기자 시절과는 만남의 성격이 확연히 다르다는 것을 알게 되었어요. 기자라는 '슈퍼 갑'의 입장에서 순식간에 눈치를 봐야 하는 '을'로 전락했다고나 할까요. 기자 시절에 살갑게 대해주시던 분들 중에 상당

히 권위적으로 변하신 분도 있었고 심지어 비아냥거리는 사람들도 있었죠. 하지만 제 성격상 그리 마음에 담아두거나 낙담하진 않았어요. 그쪽에서 옷을 갈아입은 게 아니라 제가 옷을 갈아입었으니 제가 변해야 한다는 생각이 들었습니다. 그래서 조금 더 숙이고 항상 양보하며 더 많이 웃어야 살아남을 수 있다고 판단했죠. 그리고 그대로 실천에 옮겼어요.

에이전트를 한지 대략 1년 지난 시점에서 한 수도권구단 사무국장님이 하신 말씀이 아직도 기억에 남아요. "전 기자가 기자할 때 사람 막 대하거나 기자 '곤조'를 부렸다면 아마 에이전트 하면서 많이 힘들었을 거야. 하지만 항상 웃고 즐거운 이야기를 많이 한 사람이었으니 에이전트를 해도 아마 축구계 사람들이 잘 맞이해 줄 걸세." 저에게 꽤 힘이 되는 말이었고, 기자로서의 생활도 보람있었다는 걸 알게 해준 말씀이었죠.

축구 에이전트 추연구 스토리

편 어렸을 때도 축구에 관심이 있었는지 궁금해요.

추 저는 어려서 스포츠 분야에 관심이 전혀 없었어요. 그런데 고등학교를 야구로 유명한 곳으로 진학하게 되었어요. 부산에 있는 경남고등학교인데요. 최동원 선배를 비롯해 프로야구 선수들을 많이 배출했고, 지금도 야구부로 유명한 학교예요. 그래서인지 신입생 오리엔테이션에서 응원 연습부터 시키더라고요. 입학도 하기 전에 응원 연습 먼저 배운 거죠. 입학하고 나서는 시간 날 때마다 운동장에 다 모여 응원 연습을 했어요. 응원가에 맞춰 몸동작도 익히고 함성도 질러야 했고요. 목소리가 작거나 동작이 틀리면 선생님들에게 혼나고 단체로 맞기도 했어요. 지금이야 그러면 안 되는 거지만 그때는 체벌이 가능했던 시절이니까요.

제가 고등학교에 다니던 1980년대 후반만 해도 고교야구 인기가 꽤 높았어요. 화랑대기라는 고교야구대회를 시작으로 여러 대회가 열렸는데요. 부산 구덕운동장에서 경기가 있는 날이면 전교생이 응원을 갔어요. 또 우리 학교가 서울에서 중요한 시합을 하는 날에는 전교생이 기차 타고 서울에 올라

가서 응원했죠. 요즘도 고교야구대회 결승전이 열리면 지방에 있는 고등학교 학생들이 경기장에 와서 열심히 응원하더라고요. 어쨌든 고등학교 시절은 그렇게 야구부 응원을 했던 기억이 아주 선명하네요. 그렇게 야구 경기를 봐서 그런가 그때부터 야구에 본격적으로 관심을 가지게 됐죠.

㉠ 축구와는 어떻게 인연을 맺게 되었나요?

㉠ 대학을 졸업할 즈음에 IMF가 터졌어요. 기자 시험을 준비하고 있었는데 IMF가 터지고 난 직후라 기자를 뽑는 언론사가 몇 개 없었죠. 그때 지원한 회사가 스포츠 신문이었고 다행히 합격했어요. 저는 야구를 좋아했으니까 당연히 야구부로 가고 싶었죠. 그때는 메이저리그 팀 선수명단을 다 외우고 있을 정도로 야구를 좋아했어요. 그런데 처음 인턴 기자로 배정받은 종목이 축구였어요. 인턴을 마치고 나서 축구를 담당하는 기자로 8년을 보냈는데요. 기자가 될 때까지만 해도 축구는 그냥 남들이 좋아하는 정도의 관심밖에는 없었어요. 큰 경기가 있을 때 관심을 가지고 응원하는 정도였죠. 그런데 축구부를 담당하는 것으로 기자 생활을 시작했고 결국 기자를 그만둘 때까지 축구만 담당하게 되었죠.

편 기자로 활동할 때는 어떤 선수들을 주로 맡아 취재했나요?

추 2002년 월드컵이 끝나고 2003년에 제가 유럽 특파원으로 나가게 됐어요. 히딩크 감독이 네덜란드 PSV 아인트호벤으로 돌아가면서 박지성 선수와 이영표 선수를 데리고 갔죠. 당시에 독일에 차두리 선수가 나가 있었고, 벨기에에는 설기현 선수, 네덜란드 페예노르트에 송종국 선수, 이렇게 5명이 나가 있었어요. 2003년 여름에는 이천수 선수가 스페인 레알 소시에다드로 이적했고요. 우리나라 선수들이 유럽에 진출하게 되자 신문사에서는 이 선수들을 취재할 기자를 특파원으로 보내기로 했고 제가 가게 된 거예요.

저는 네덜란드의 아인트호벤에 거처를 마련했어요. 제가 취재할 주요 취재원들인 박지성 선수, 이영표 선수, 히딩크 감독이 그곳에 있으니까요. 아인트호벤에 있으면서 주중에는 매일 아침 아인트호벤 훈련장으로 출근했어요. 주말에는 우리 선수들이 경기하는 경기장으로 취재가고요. 유럽 프로 축구는 일주일에 한 번 주말에 경기해요. 그러면 우선 아인트호벤 경기를 참관하고 토요일과 일요일 중 경기가 겹치지 않으면 차두리 선수, 설기현 선수, 이천수 선수 경기를 취재하러 독일과 벨기에, 스페인으로 출장을 가는 거예요. 어떤 주말에는 5천 킬

로미터를 운전한 적이 있는데요. 그 정도면 거의 온 유럽을 싸돌아다녔다고 할 수 있죠. 저 혼자서 그렇게 주말이면 우리 선수들이 경기하는 모습을 취재하러 다니곤 했어요. 그렇게 한 1년쯤 돌아다녀 보니까 에이전트가 되게 매력적으로 보이더라고요.

編 유럽에 진출한 우리 선수들을 가까이서 지켜보면서 에이전트에 관심을 가지게 된 거군요.

秋 네, 그렇죠. 그때 김남일 선수도 유럽에 와서 송종국 선수가 소속되어 있었던 페예노르트 구단과 계약을 했어요. 그런데 구단에서 자리를 잡지 못하고 위성 구단인 SBV 엑셀시오르 팀에 반시즌 동안 임대 선수로 가게 됐어요. 계약은 했지만 감독의 눈에 확실히 들지는 못했죠. 그래서 하위 팀에서 더 실력을 쌓고 오라고 임대를 보낸 건데 운이 없었는지 김남일 선수는 8경기밖에 출전 기회를 얻지 못했고, 그해 엑셀시오르 팀 성적도 좋지 못했어요. 결국 페예노르트는 김남일 선수와 이적 계약을 맺지 않았고, 김 선수는 6개월 만에 한국으로 돌아가야 하는 상황이었어요. 그 상황을 옆에서 보니까 안타깝더라고요. 원래 기자는 취재원과 거리를 둬야 하는데 제가 선수들을 어렸을 때부터 봐왔잖아요. 당시 월드컵 대표팀 선수들

이 올림픽 대표였던 20살, 21살 때부터 봐왔으니까 모른 척할 수가 없더라고요. 그래서 히딩크 감독하고 어떻게 김남일 선수를 구제할 방법이 없을까 함께 이야기도 하고 다른 구단에 가서 인터뷰도 해봤죠. 그 과정이 꽤 재미있었고 처음으로 에이전트를 해도 괜찮겠다는 생각이 들었어요. 그리고 한국으로 복귀하고 2년 정도 더 기자 생활을 했죠. 그런데 그때 위기가 찾아왔어요.

(편) 어떤 위기였을까요?

(추) 신문사의 위기였죠. 지금은 거리에 신문을 파는 가판대가 없지만 당시만 해도 길거리에 신문을 파는 가판대가 많았어요. 특히 지하철을 오랜 시간 타는 직장인들이 아침마다 가판대에서 신문을 사 갔죠. 그런데 2002 월드컵으로 전성기를 누리던 스포츠 신문에 암흑기가 찾아왔어요. 무가지(無價紙) 때문이었는데요. 무가지는 무료로 배포되는 신문이나 잡지를 말해요. 당시에 지하철역에서 무가지를 나눠주기 시작하자 돈을 주고 사야 하는 스포츠 신문이 외면을 받았죠. 월드컵이 끝나고 채 1년도 되지 않아 스포츠 신문의 인기가 확 꺾인 거죠. 신문사의 수익이 줄자 기자들의 연봉이 절반으로 줄었어요. 그때 스포츠 신문 기자의 연봉은 기본급과 수당, 보너스로 나눠

어 있었는데요. 기본급과 수당이 연봉에서 차지하는 비중이 5분의 3 정도고 나머지는 보너스였어요. 그런데 신문사에서 보너스를 지급하지 않게 되자 월급이 거의 절반으로 줄어버린 거죠. 그런 상황이 2년 정도 지속되다 보니 답답해지더라고요.

그때가 미디어 환경이 변화하고 있는 시기였어요. 돈을 내고 사는 유가지에서 무료인 무가지로, 종이 신문에서 인터넷 신문으로 바뀌려던 참이었죠. 그 변화의 바람을 제일 먼저 정면으로 맞았던 게 스포츠 신문이고요. 그 시절을 지나면서 가만히 생각해보니 스포츠 신문은 미래가 별로 없다는 생각이 들더군요. 그러던 차에 전용준 선배가 회사를 그만뒀다는 소식을 들었어요. 수소문해봤더니 경기도청에서 무슨 일을 하고 있다고 하더라고요. 그래서 하루는 같이 만나서 술을 마셨어요. 이런 저런 이야기를 한 끝에 에이전트 일을 배워서 함께 해보자고 의기투합을 했죠.

㉠ 이렇게 두 분이 축구 에이전트가 되기로 결심하셨군요. 이후에는 어떻게 두 분이 함께 일하게 되었나요?

㉠ 저는 2006년에 신문사를 나와 전용준 선배가 있는 FS코퍼레이션에 입사해서 바로 박지성 선수를 담당하게 되었어요. 당시에 그 회사에 자리가 없었는데 제가 국내에서는 박지

성 선수와 가장 가까운 사이라는 점이 유리하게 작용했죠. 유럽에 특파원으로 있을 때 박지성 선수와 같은 아파트 옆 동에 살았어요. 가족들끼리도 친해서 김장도 같이 했어요. 한국으로 돌아와서도 친분은 그대로 유지했고요. 그때 박지성 선수가 맨유에 입단한 지 얼마 안 된 시점이었는데요. 맨유는 세계적인 명문 구단이잖아요. 회사에서는 박지성 선수의 대리인 자격으로 구단 사장을 만나 협상도 하고 구단 측 이야기도 전달받아야 하는데 회사에 그렇게 큰 자리에 나가서 협상할 사람이 없었어요. 그래서 선수와 친분이 두터우면서도 유럽 구단의 사정을 잘 알고 있는 제가 그 일의 적임자였던 거죠.

축구 에이전트 전·추의 창업 스토리

🔵편 두 분이 에이전시 회사를 창업한 이야기가 궁금해요. 언제, 어떻게 창업하게 되었나요?

🔵전 저희 둘이 에이전시 회사에서 3~4년 배우고 나자 이제 어느 정도 준비가 됐다고 판단이 들어서 2010년 1월 3일에 카페에서 만나서 창업 준비를 했죠. 그냥 집에서 할까도 생각했는데 남자가 출근할 데가 있어야 되지 않겠나 싶어서 카페에서 창업을 하게 된 거예요. 당시에 IB스포츠에서 동시에 퇴사한 저희는 가진 게 아무것도 없었어요. 평생 월급쟁이였는데 모은 돈이 어디 있었겠어요. 그래서 처음엔 두 사람 집 중간 지점인 남부터미널 근처 스타벅스에 모여 하루를 시작했죠. 아는 분들에게 독립했다는 전갈을 하고 비즈니스가 될 만한 선수들에게 연락하는 등등의 일을 카페에서 한 거죠. 하지만 딱딱한 의자에 앉아 주변의 소음을 들으며 일하려니 편하지 않더라고요. 특히나 카페의 눈치에 도저히 견딜 수가 없더군요. 8시간 넘게 커피 두 잔으로 자릿값을 때우는 고객을 어떤 카페가 반기겠어요. 그래서 지인으로부터 천만 원을 빌려 남부터미널 근처 오피스텔에 아주 작은 방 하나를 계약했죠. 회사

이름은 두 대표의 이름 첫 영문을 따와서 C2라고 지었어요. 그것이 C2글로벌의 시작이었습니다. 사무실 집기는 추 대표 쪽에서 해결했어요. 그전부터 추 대표와 알고 지내던 선수의 아버지가 사업을 크게 하는 분이셨는데 추 대표가 회사를 하면 집기는 다 마련해준다고 장담하셨는데 정말 그 약속을 지키셨어요. 책상 2개, 소파, 복합기, 텔레비전을 받았죠. 물론 이후에 그때 받았던 것 이상으로 다 갚아드렸답니다.^^

㉠ 두 분이 에이전트를 하겠다고 마음먹었을 때는 남들과 다른 무엇인가를 가지고 있다는 자신감이 있었을 것 같아요. 그게 뭐였을까요?

㉣ 2002년 월드컵은 우리나라 축구 역사에서 굉장히 중요한 사건이에요. 대한민국 축구가 세계 무대에 진출한 계기가 되었으니까요. 유명한 외국 구단에서 우리 선수들에게 관심을 보이고, 선수들도 넓은 무대에 나가서 뛰고 싶어했죠. 그런데 문제는 이 선수들을 대리해서 협상할 준비가 된 에이전트가 별로 없었다는 거예요. 먼저 영어를 잘하는 사람이 드물었고 그렇게 큰 구단을 상대할 자신감 있는 사람도 많지 않았죠. 다행히 우리는 영어를 할 줄 알았고 전 대표와 저는 2002 월드컵 준비를 위해 유럽으로 취재를 나가본 경험이 많아서 언어도

가능하고 협상할만한 자신감도 있었죠.

편 기자 시절의 경험이 도움이 많이 됐다고 하셨어요. 어떤 경험이었는지 두 분의 이야기를 들려주세요.

전 저희가 이렇게 자신감이 있었던 것은 기자 시절 경험이 있었기 때문이에요. 지금도 기억나는데요, 어느 주말에 집에서 쉬고 있는데 갑자기 부장님 호출이 왔어요. '그리스에 가서 올리사데베 Emmanuel Olisadebe 라는 선수를 취재하고, 폴란드 축구협회 가서 폴란드 감독 취재하고, 잠깐 거기서 대기하고 있어 봐'

이러시는 거예요. 당시에 우리나라 팀이 폴란드와 한 조가 됐는데, 나이지리아 출신 올리사데베가 폴란드로 귀화해서 국적은 폴란드인데 그리스에서 뛰고 있었거든요. 그리고 포르투갈 팀 주장인 루이스 피구Luís Figo가 레알 마드리드에 있었어요. 거기까지 가서 취재할 수도 있으니까 대기하고 있으라는 거였죠.

일단 올리사데베 선수가 있는 구단에 취재를 하고 싶다는 팩스를 넣고 출국해서 그리스 아테네에 있는 파나티나이코스 경기장에 도착했어요. 거기에 구단 사무실이 있었는데 경기장 안으로 들어가려다 정문에서부터 막혔어요. 경비가 위에서 전달받은 것도 없다, 선수 취재는 할 수 없다, 그러는 거예요. 그때 마당을 쓸고 있는 할아버지가 계셨는데 경비가 할아버지랑 얘기하더니 어떤 여자를 부르더라고요. 그 여자는 구단의 사무국장이었는데 전화나 팩스를 받은 것도 없고 얘기 들은 바가 없으니 돌아가라고 말했어요. 근데 마당을 쓸고 있던 할아버지가 사무국장한테 뭐라 뭐라 얘기하니까 저를 들여보내주는 거예요. 사무국장한테 누구냐고 물었더니, "우리 아버지야." 그러더라고요. 허름한 옷차림으로 마당 쓸고 있던 할아버지가 구단주였던 거죠. 그러면서 아버지가 "한국이라는 나라에서 비행기 몇 번 갈아타고 왔을 텐데 그냥 한번 봐줘라." 하더래요. 그때는 유럽 사람들이 한국이란 나라가 어디 있는지도 몰랐어요. 운 좋게도 구단주 할아버지를 만나 인터뷰를 할 수 있었죠. 그래서 그날 제가 사람들한테 항상 친절해야겠구나, 사람들 대할 때 조심해야겠구나 생각했죠.

추 그건 굉장히 젠틀하게 해결되었던 경우고요. 저 같은 경우는 유럽 특파원으로 있으면서 취재하는데 애를 먹었어요. 유럽은 선수 취재를 하려면 마감 시간 전까지 구단에 취재 요청을 해야 해요. 짧게는 일주일 전까지 팩스로 취재 요청을 하죠. 취재 요청까지는 좋았는데 실제로 취재를 못하는 경우도 생겨요. 예를 들어 주말에 경기가 끝나고 박지성 선수를 취재한다고 PSV 아인트호벤에 취재 요청을 하고 승인을 받았어요. 본사에도 박지성 선수 취재할 거라고 보고를 올렸고요. 그런데 박지성 선수가 주중에 다쳐서 주말에 경기에 못 나갔어요. 취재를 못 한다고 본사에 보고하면 송종국 선수를 취재하래요. 근데 하루 전에 어떻게 구단에 취재 요청을 할 수 있겠어요. 이미 마감이 되었는데요. 방법이 없죠. 그래서 트릭을 좀 썼어요. 일단 취재 요청을 하는 팩스 종이에 송종국 선수의 취재를 요청하는 내용을 적어요. 날짜는 빼고요. 그 종이를 들고 구단 사무실에 찾아가서 취재하러 왔다고 하면 직원이 명단에서 제 이름을 찾아봐요. 당연히 없죠. 직원이 명단에 없어서 취재 못 한다고 거절하면 제가 팩스 종이를 들이밀며 '무슨 말이냐, 내가 취재 요청하는 팩스 넣었는데. 봐라, 여기 팩스 넣은 원본 가져왔다'고 실랑이를 하죠. 그러면 유럽 사람들은 자기들이 실수했다고 생각해요. 설마 안 보내놓고 보냈다고 우길 거라는 생각을 안 하는 거죠. 상황이 여기까지 오면 직원이 '기계 오류가 나서 우리가 못 받았나 보다. 미안하다' 그러면서 취재를 허용하죠. 이렇게 바득바득 우겨서 취재를 했던 적이 몇 번 있어요. 이게 '맨땅에 헤딩한다'는 건데요. 한국에서는 전혀 현지 상황을 고려하지 않고 무조건 기사가 나갈 수 있도록 하라고 하니까 어떻게든 문제를 풀어야겠다는 마음으로 강한 전투력이 생긴 것 같아요. 지금은 그렇게 못 해요. 절차를 따라야 하고 또 지금 세대들은 이런 문제가 생겼을 때 어떻게든 돌파해야겠다는 투지도 별로 없는 것 같고요.

㉠ 영어로 의사소통이 가능하다는 점과 유럽 구단을 드나든 경험이 두 분에게 자신감을 갖게 했다는 걸 이해했어요. 도움이 됐던 또 다른 경험이 있나요?

㉡ 기자 생활을 통해 큰 깨달음을 얻은 게 있어요. '솔직해야 한다. 팩트에 기반해야 한다'는 거예요. 우리가 스포츠 신문 기자 시절에 꽤 잘나가는 기자들이었어요. 그래서 둘이 그만

됐을 때 주변에서 의아하게 생각했었죠. 당시에 스포츠 신문이 어려워진 것이 퇴사하게 된 동기였지만 꼭 그것만이 전부는 아니었어요. 저희 둘은 팩트에 기반한 기사, 기본적으로 어떤 진실을 추구하는 기사를 쓰고 싶었고, 실제로 그렇게 했어요. 그런데 당시 스포츠 신문 기자들은 기사를 소설처럼 쓰는 경우가 많았어요. 선수들이 경기하는 현장에는 가보지도 않고 기사를 쓰는 건 너무 흔했고요, 전혀 사실이 아닌 기사도 썼죠. 제가 기자 초년 시절이었는데요. 1997년 어느 날 라이벌 스포츠지의 대선배 기자가 축구협회에 들어오더니 사무국장한테 웃으면서 "내가 오늘 재미있는 거 하나 썼으니까 전화 오면 그냥 대충 맞다고 받아줘"하고 부탁하더라고요. 그날 낮에 나온 신문 헤드라인이 "남북 축구 경평전 다시 연다"였어요. 사실이 아니었죠. 근거도 없는 기사를 쓰고 협회에 얘기해서 그냥 우겨달라고 요청했던 거죠. 앞선 세대 기자들이 그렇게 양심의 가책도 없이 기사를 쓰던 시대라 스포츠 신문이 소위 '옐로우 저널리즘'으로 여겨지기도 했죠. 저희는 그게 싫었어요.

2002년 월드컵 때 안정환 선수가 엄청 떴잖아요. 그러면 안정환 선수 인터뷰를 하라는데, 이미 완전 스타가 돼서 인터뷰 순위도 안 잡히는 거예요. 그런데 선배들은 그런 상황을 이해하지 못했어요. 2002 월드컵 전까지만 하더라도 기자들이 선수에게 전화하면 다 받고 기사 잘 써달라고 부탁했는데, 월드컵 이후 입장이 달라진 거죠. 기자들이 전화해도 안 받는 건 물론이고 전화해달라는 메시지에 반응도 없었어요. 인터뷰를 안 했으니 당연히 기사를 못 쓰고 있었죠. 그런데 어느 날 제 이름으로 선수 인터뷰 기사가 났어요. 선배가 거짓으로 기사를 쓴 거죠. 그런데 문제는 이런 기사가 나가면 욕을 먹는 건 저인거죠. 아무튼 이런 일들을 겪으면서 팩트와 진실이 중요하다는 걸 알았죠.

ⓔ C2글로벌엔 어떤 선수들이 소속되어 있나요?
ⓙ 처음 회사를 차렸을 때 가장 큰 힘이 되어준 선수들은 차두리 선수와 김남일 선수였어요. 차두리 선수는 기자 시절 형제처럼 지낸 추연구 대표를 처음부터 많이 도와주었고, 김남일 선수는 러시아로 진출하며 저희 회사와 첫 인연을 맺었죠. 두 선수 모두 은퇴했지만 두 사람은 아직도 C2글로벌의 창립 멤버로 정신적 지주와 같은 역할을 하고 있습니다. 또 다른 창립 멤버로 기성용 선수와 지동원 선수가 있는데요. 두 선수도 계약하고 얼마 되지 않아 스코틀랜드와 잉글랜드 무대로 진출하며 C2의 브랜드파워를 드높여 주었습니다.

ⓐ 차두리 선수는 2002 월드컵 이후에 유럽에 있었는데요. 제가 특파원으로 있을 때 그 집에 가서 같이 놀면서 보낸 시간이 많았기 때문에 친분이 두터웠죠. 그 인연으로 2010년 월드컵이 끝나고 셀틱으로 이적하면서 우리 회사와 에이전트 계약을 했어요. 당시 차두리 선수는 로봇이 아니냐는 설이 돌 정도로 미친 체력을 가지고 있었어요. 90분 동안 지치지도 않고 엄청 강하게 뛰니까 차범근 감독이 로봇을 만들어서 내보내고 위에서 조종하는 것이 아니냐는 우스갯소리가 많이 돌았죠. 그해 차두리 선수 인기가 높아서 CF 광고로만 상당히 큰 금액을 벌었어요. 회사의 출발이 좋았죠. 그리고 바로 김남일 선수가 들어왔고, 다음에 지동원 선수가 들어왔어요. 기성용 선수도 완전하게 우리 선수가 되었고요. 이렇게 회사를 만들고 나서 4명의 선수와 계약하면서 에이전트 사업에 연착륙하게 되었죠. 그래서 저희는 그 4명 선수를 4명의 회장님이라고 불러요.^^ 특히 기성용 선수와 지동원 선수는 가족분들도 도움을 많이 주셨어요. 거의 저희 회사 창립 멤버죠. 참 소중한 인연이에요.

ⓟ 그 4명의 선수 중 차두리 선수, 김남일 선수와는 전성기를 지나서 에이전트로 만났지만 선수 생활의 마무리를 좋게 할 수 있었죠. 지금도 좋은 관계를 유지하고 있고요. 기성용 선수와 지동원 선수와 함께 한 지도 13년이 넘었어요. 그 선수들의

에이전트로서 선수의 성장기부터 함께 해서 전성기를 맞았고, 앞으로 선수 생활의 마무리까지 커리어 매니지먼트를 완성할 수 있다는 데 큰 의미가 있죠.

㉠ 특별히 기억에 남는 순간이 있다면 언제인가요?

㉣ 지동원 선수를 전남 드래곤즈에서 EPL 선덜랜드로 이적시킬 때였어요. 2010년 광양제철고를 졸업한 지동원 선수는 그해 고졸 신인으로 프로 1년 차에 거의 풀 게임을 뛰며 기량이 일취월장해서 이듬해에 선덜랜드로 직행하는 기염을 토했죠. 당시 많은 에이전트들이 지동원 선수의 대리인을 사칭하는 일이 많아서 선덜랜드 구단은 처음엔 누가 카운터파트너 counter partner 협상이나 협력 등의 과정에서 반대쪽에 대응하는 관계 인지 몰랐대요. 그래서 연기는 모락모락 나는데 실체가 없었어요. 당시에 저희도 회사를 시작한 지 얼마 안 된 상태라 인지도가 거의 없었고요. 그런데 어느 날 선덜랜드가 구단주의 오른팔 격인 스포츠 디렉터를 직접 한국으로 파견해 저희를 찾아왔어요. 그 스포츠 디렉터와 저는 얼굴을 맞대고 미팅을 하며 모든 계약을 하루 만에 정리했죠. 이런 경우는 그리 흔치 않아요. 지금처럼 네트워킹이 그리 좋지 않아 잘못하면 이적에 실패할 수도 있는 상황이었지만 정말 천운이었어요.

2010년 김남일 선수를 러시아 톰스크로 이적시킬 때도 기억에서 지워지지 않습니다. 빗셀 고베에서 자유계약선수가 된 김남일 선수에게 K리그를 포함한 아시아의 많은 구단들이 계약하자는 오퍼를 보냈어요. 그중에서도 러시아 시베리아 지역을 근거로 한 프리미어리그 톰 톰스크가 가장 높은 연봉을 제안했죠. 당시에 김남일 선수는 저희 소속이 아니라 조심스럽게 접근했어요. 저는 그 당시 이미 오범석 선수를 2008년 러시아 사마라 구단으로 이적시켜 본 경험이 있어서 러시아 이적에 매우 신중한 입장이었어요. 러시아 리그는 임금을 체불하거나 수당을 제때 안 주는 것으로 악명이 높았기 때문이에요. 오범석 선수도 임금이 체불된 상태로 한국으로 다시 돌아와야 했죠. 그래서 김남일 선수와의 첫 만남부터 모든 사실을 까놓고 진행했어요. "내가 러시아 리그를 경험해 봤는데 임금 체불이 일어날 수 있다. 최악의 경우엔 한 푼도 돈을 못 받을 수 있다. 시베리아 지역이므로 삶의 환경이 생각보다 엄청 나쁠 것이다." 이렇게 운을 떼었죠. 러시아 쪽을 담당하던 파트너 에이전트가 이 말을 듣고 괜히 쓸데없는 이야기를 해서 초반부터 분위기를 망쳤다고 화를 많이 내더라고요. 하지만 김남일 선수는 별로 큰 고민 없이 수락했어요. 나중에 좀 친해진 이후에 그런 이야기를 듣고도 수락한 이유를 물어봤죠. 그랬더니 "차라리 숨기거나 꾸물거렸으면 가지 않았을 것이다. 모든 것을 처음부터 솔직하게 이야기해주었기 때문에 책임도 잘 져줄 거라 생각해서 단숨에 오케이를 한 거다."라고 대답했어요.

선수들의 이런 피드백은 항상 저에게 영감과 자극을 줍니다. 그래서 에이전트를 하면서 선수들과 협상에 임하거나 이적의 갈림길에 서게 되면 그 당시의 추억을 상기하며 일을 시작하곤 해요. '모든 팩트는 거짓 없이, 가감 없이 정확하게 전달하고 최종 판단은 선수에게 맡기자. 에이전트는 가장 효율적이며 가장 짧은 거리로 목표에 도달하기 위해 정보를 제공하는 항법사다. 무엇을 조작하는 순간 그 딜은 순수성을 잃게 된다.' 이렇게 마음을 다잡는 거죠.

편 에이전트를 하면서 어려운 일은 무엇일까요?

추 비행기를 오래 타야 한다는 어려움이 있어요. 저희가 처음에 이 일을 시작했을 때 브라질 선수들을 많이 영입했어요. 그때는 비행기 직항 노선이 없어서 독일 거쳐서 브라질 상파울로에 가야했는데요. 비행기 탑승 시간만 24시간이 넘었어요. 그렇게 여섯 번 일곱 번씩 비행기를 갈아타면서 일 년에 두 번씩 간 적도 있었는데요. 어느 날 인천공항에서 딱 출발하려고 하는데 약간의 구토 증상이 나타나더라고요. 그래도 참아야

지 어떻게 하겠어요. 28시간 지나서 도착지에 내리면 꼬리뼈가 약간 녹아내려간 느낌도 들었고요. 그렇게 어렵게 새벽에 도착했는데 브라질 현지의 파트너가 하는 말이 호텔에 들어가서 샤워하고 바로 나오라는 거예요. 다시 국내선 비행기 타고 지방에 가야 한다고. 아침 8시 비행기를 타고 내려가서 경기를 보고 저녁 비행기를 6시에 타야 했는데 연착되는 바람에 밤 12시에 타서 새벽 3시에 호텔에 들어왔죠. 제가 잠을 못 잔 시간이 얼마인지 계산해 보니까 48시간이더라고요.

또 한 번은 브라질 어느 지역에 비행기가 착륙하는데 양 옆으로 바다가 보이더라고요. 그래서 여기가 어디냐고 물었더니 아마존강이래요. 되게 신기했는데 내가 여기를 다시 올 수 있으려나 하는 생각도 들었죠. 아무튼 남미 여러 나라를 돌아다니며 별일을 다 겪었어요. 호텔 부킹이 안 돼서 새벽에 졸린 몸으로 호텔 로비에서 기다린 적도 있고요. 지금은 옛날 이야기지만 예전에는 그런 고생을 많이 했었죠.

🔍전 외국인 선수를 발굴할 때 꽤 많은 비용이 든다는 점도 있죠. 현지에 가서 선수를 만나야 하니까 항공권과 숙박비가 가장 많은 비용을 차지해요. 현지에 가서 그쪽 에이전트와 구단 쪽 스카우터들을 접대할 수도 있어서 그런 비용도 들고요. 주로 식사 비용과 렌트카 비용이죠. 현지에 도착했는데 선수가

있는 곳이 차로 가기에는 좀 먼 거리라면 국내선 비행기를 타야하니까 그런 비용도 추가돼죠. 그리고 구단에서 나온 스카우터와 함께 이동할 때는 일정을 좀 여유롭게 잡아요. 남미와 우리나라는 12시간의 시차가 있잖아요. 시간을 아끼려고 쉬지 않고 선수의 경기를 보러 가면 스카우터가 막 졸아요. 선수가 되게 잘한 장면인데 그걸 스카우터가 놓치면 안타깝죠. 그래서 하루 쉬어가는 일정도 준비하고 그러죠.

㉠ 이 일을 그만두고 싶었던 적은 있나요?

㉡ 그만두고 싶었을 때는 없었고 회의가 들 때는 있어요. 제 생각에는 최선을 다해서 선수의 연봉 협상을 마쳤는데 선수는 만족하지 못할 때가 있어요. 또 틀림없이 선수가 제시한 금액보다 더 많이 받기로 협상을 마치고 왔는데 그 조건이 만족스럽지 못하다고 선수가 입장을 바꿔서 난처했던 일도 있고요. 반대로 협상의 마지막 단계에서 구단 쪽이 틀어서 일이 복잡하게 되기도 하고요. 이런 일들이 발생하면 해결해야 할 문제가 많아서 좀 힘이 들죠.

㉢ 먹고 사는 일이라 좀 힘들다고 해서 관두고 싶다고 생각한 적은 없어요. 이 일의 특성상 힘든 일은 있죠. 우리가 하는 일은 사람을 시장에 유통시키는 일이에요. 그런데 물건을 유통

시키는 일과는 확연히 다르죠. 우리는 사람을 거래하는 거잖아요. 선수는 규격화한 물건이 아니라서 사는 사람과 파는 사람이 어느 정도 위험을 감수해야 해요. 또 사람은 감정이 있고 의견이 있기 때문에 그런 부분도 살펴야 하고요. 사람을 거래한다는 게 쉬운 일이 아니에요.

저의 이모가 부산에서 동남아 열대어를 수입해서 국내에 유통하는 일을 하세요. 열대어를 수입할 때는 한국에서 통관 절차를 거치는데, 이때 통관하는 시간이 길어져서 수온이 변하면 열대어가 변질되는 거예요. 수온이 잘 맞지 않아서 10배로 커버리는 때도 있어요. 그러면 상품 가치가 떨어지는 거죠. 위험 부담이 큰 사업이에요. 이모가 저보고 "너는 좋겠다. 네 물건은 변질되지 않잖아." 그래요. 그럼 저는 "이모, 이모 물건은 변질되지만 제 물건은 변심을 합니다."라고 하죠. 제가 붕어 마음이 한 개인지 아닌지는 모르겠지만 사람 마음은 10개도 넘는다는 걸 알죠. 힘들고 공들여서 협상을 끝내고 계약서에 사인만 하면 되는데 그때 마음이 변해서 사인 못하겠다는 일이 벌어지면 좌절감도 생기더라고요. 제가 좀 순진한 사람이라서 그런지 모르겠는데 내 마음을 상대에게 100% 주면 상대도 나에게 100% 해줄 거라고 믿는 사람이에요. 물론 그렇지 않다는 것도 알지만, 그럼에도 불구하고 노력한 결과에 대한 보답이 없을 때는 굉장히 실망스럽고 힘든 것도 사실이에요.

편 어려운 일도 많이 겪으면서 회사도 성장을 거듭한 것 같아요. 마지막으로 C2글로벌 에이전시만의 자부심이 있다면 말씀해주세요.

전 저희가 회사를 세운 2010년까지만 해도 축구 분야 에이전트는 전문적이지 않았어요. 에이전트라기보다 브로커에 가까웠다고 해야 할까요. 2004년에 좀 심각한 사건이 있었어요. 축구 에이전트들이 불법적인 거래를 하고 범법 행위를 저질렀어요. 구단 관계자들과 에이전트가 짜고 선수의 연봉이나 이적료를 부풀려서 계약을 했어요. 예를 들면 선수한테는 연봉이 5억이라고 하고 이적할 구단과는 20억에 계약해요. 그리고 15억을 에이전트와 구단 직원이 나눠 갖는 거죠. 이후 이 사건을 통해 축구계 전반으로 수사가 확대되어 엄청나게 큰 사회적 이슈가 되었죠. 이 사건에 연루된 사람들 중 일부는 해외로 도피했고 일부는 검거되어 감옥에 갔어요. 이런 사건들이 있어서 그때까지도 여파가 있었어요. 그래서 에이전트라고 하면 브로커를 떠올리고 사기를 치는 사람들이 아닐까 경계심이 있었죠. 저희는 그런 문제에 있어서 투명하다고 자부할 수 있어요. 저희가 선수와 접촉하고 계약할 때나, 구단과 협상할 때 뭔가를 숨기거나 부풀리거나 하지 않아요. 또 객관적인 사실에 기반하지 않고 계약하거나 관계에 의존해 계약하지도 않고요. 이런 면에서 저희는 이전 세대 에이전트보다 진보했고 전문성을 확보했다고 생각해요.

추 2002 월드컵 이전에도 월드컵 때 주목받았던 우리나라 선수들이 외국에 진출한 사례가 있었어요. 김주성 선수나 황선홍 선수 등 여러 선수가 진출했는데 결과적으로 오래 있지는 못 했어요. 그러다가 2002년 월드컵을 계기로 꽤 많은 선수들이 외국에 나가서 성적도 좋았고, 오래 활동을 했죠. 선수들은 그렇게 성장하고 있었는데 에이전트는 그에 못 미쳤다고 해야 할까요. 선수들은 세계적인 역량을 가지고 있는데 세계 시장에서 선수들을 대리할 에이전트의 역량이 못 따라갔던 거죠.

전 에이전트 업계에서는 선수를 유럽에 보내려면 C2글로벌과 계약해야 한다는 이야기가 들려요. 저희가 선수들과의 관계도 좋고 해외 구단과 접촉하고 협상하는 전문가라는 말인데요. 2010년까지도 선수가 해외에 나가려면 해외 에이전트한테 의존하는 상황이었어요. 물론 저희도 해외 에이전트 파트너가 있지만 협상할 때 항상 같이 들어가서 진행하거든요. 그런데 이전 에이전트들은 협상 진행을 해외 에이전트에게 맡기고 결과를 전해 듣기만 했죠. 해외 에이전트가 "이 구단이 얼마 준다는데 어떻게 할래?" 이렇게 물어보면 한다, 안 한다로 대답하는 수준이었어요. 그러니까 선수를 대리하는 에이전트가 외국 구단과 직접 협상하는 게 아니라 해외 에이전트와 협상하는 게 되어 버리는 거예요. 그렇게 되면 협상의 질이 매우 낮아지게 되고 당연히 우리 축구의 위상이 세계적인 수준에 못 미치는 것으로 보이는 거죠. 그런 의미에서 저희 에이전시가 독보적인 전문성을 가지고 있다고 생각합니다.

㉠ 축구 전문 기자로 축구와 인연을 맺고 축구 에이전트가 된 두 분의 이야기 잘 들었습니다. 선수를 대신해 구단과 연봉 협상을 하고 이적 협상을 하는 기본적인 일을 넘어 선수의 매니저 역할까지 감당하는 축구 에이전트가 있기에 선수들이 걱정 없이 경기에 최선을 다할 수 있는 것 같습니다. 선수의 성장기부터 전성기를 지나 선수 생활을 마무리할 때까지 선수의 옆에서 동행하는 사람들, 축구 에이전트의 이야기는 이것으로 마치겠습니다.

청소년들의 진로와 직업 탐색을 위한
잡프러포즈 시리즈 63

**필드 밖의 플레이어 축구
에이전트**

2023년 9월 7일 | 초판1쇄
2024년 7월 10일 | 초판2쇄

지은이 | 전용준, 추연구
펴낸이 | 유윤선
펴낸곳 | 토크쇼

편집인 | 박성은
표지디자인 | 이든디자인
본문디자인 | 문지현
마케팅 | 김민영

출판등록 2016년 7월 21일 제2019-000113호
주소 | 서울시 마포구 월드컵북로98, 2층 202호
전화 | 070-4200-0327
팩스 | 070-7966-9327
전자우편 | myys327@gmail.com
ISBN | 979-11-92842-50-9(43190)
정가 | 15,000원